지구인을 위한
패스트 패션
보고서

티셔츠와 청바지의 숨겨진 이야기

지구인을 위한 패스트 패션 보고서

민마루 글 | 유유 그림

썬더키즈
thunder kids

차례

1장
어제도 쇼핑, 오늘도 쇼핑, 내일도...?

1. 패션 리더 '연보라'를 소개합니다!	8
2. 보라가 쇼핑을 하는 진짜 이유	10
3. 많이 살 수록 박수 받는 세상?	13
4. 쇼핑할 때 뇌에서 벌어지는 일	16
5. 옛날에는 옷이 귀했대	18
6. 패스트 패션의 화려한(?) 등장	20
┃패션 리더 지구인의 세 가지 조건 01 "Love Yourself."	24

2장
패스트 패션, 너 딱 걸렸어!

1. 거부할 수 없는 패스트 패션의 매력	28
2. 우리가 몰랐던 면 티셔츠의 비밀	31
3. 거위 25마리의 눈물과 맞바꾼 패딩 점퍼	37
4. 청바지를 19,000원에 살 수 있는 이유	42
5. 떨어질 수 없는 관계, 패션과 독성 물질	48
6. 버린 옷은 반드시 되돌아온다	54
┃패션 리더 지구인의 세 가지 조건 02 "Love The Earth."	58

3장 우리의 선택, 슬로 패션

1. 내가 실천하는 슬로 패션 – 옷장의 옷들 편 … 62
   옷 정리 | 벼룩시장, 중고 마켓, 기부 | 수선 | 리폼

2. 내가 실천하는 슬로 패션 – 쇼핑 편 … 69
   탄소 발자국 계산하기 | 녹색 거짓말 분별하기
   착한 옷 인증 마크 확인하기

3. 지구를 생각하는 패션 회사들 … 76
   파타고니아 | 그루 | 프라이탁 | 스텔라 맥카트니

4. 지구 온난화를 막기 위한 국제 사회의 노력 … 82
   기후 변화 협약과 IPCC 1.5℃ 특별보고서
   패션 산업을 위한 기후 행동 가이드북

5. 패스트 패션을 반대하는 환경 단체와 운동가들 … 86
   해시태그(#) 캠페인 | 퍼프리 퍼포먼스 | 패션위크 반대 시위
   '뿌리와 새싹' 프로그램

| 패션 리더 지구인의 세 가지 조건 03 *"Show your message."* … 90

알아 두면 도움 될 단어들 … 92
참고 자료 … 99

1장

어제도 쇼핑,
오늘도 쇼핑, 내일도…?

1. 패션 리더 '연보라'를 소개합니다!
2. 보라가 쇼핑을 하는 진짜 이유
3. 많이 살 수록 박수 받는 세상?
4. 쇼핑할 때 뇌에서 벌어지는 일
5. 옛날에는 옷이 귀했대
6. 패스트 패션의 화려한(?) 등장

패션 리더 지구인의 세 가지 조건 01 | "Love Yourself."

1.
패션 리더 '연보라'를 소개합니다!

이 친구의 이름은 연보라야. 패션을 매우 좋아하는 패셔니스타지. 보라의 취미는 매일 멋지게 옷을 차려입고 사진을 찍어서 SNS*에 올리는 거야. 보라의 '데일리 룩' 사진은 아이들에게 인기가 꽤 많거든. 보라는 늘 최신 유행하는 옷을 입고 다녀서 학교에서는 패션 리더, 패션모델이라는 별명까지 생겼어.

#후드 #큰 옷
#○○몰 #빅세일

#세일러 #리본 포인트
#○○백화점 #야외 팬션

#원피스 #○○쇼핑몰 #파격 세일 #찬스
#잇템 #치마원피스

#뒤태 #스트랩 치마
#플레어스커트 #홈쇼핑

그런데 보라가 앞으로 이 옷들을 얼마나 입게 될까? 스무 번? 서른 번? 아마 대여섯 번 정도씩 입고 나서 다시는 입지 않을 거야. 나중에는 이 옷들이 어디에 걸려 있는지도 모르겠지. 왜 그렇게 잘 아냐고? 보라네 집에는 비슷한 옷이 열 벌이 넘게 쌓여 있거든. 보라의 옷장을 잘 살펴보면 아직 가격표를 떼지 않은 옷도 있어. 워낙 쇼핑을 좋아하다 보니 수십 벌의 옷 중에는 아직 입어 보지도 못한 새 옷들이 많거든.

그런데 보라는 왜 자꾸 옷을 사는 걸까? 왜 옷을 몇 번 입고 나서는 거들떠보지도 않는 걸까?

#원피스 #단색 패션 #구두
#딱 내스타일 #안국동 보세

#올인원 #나팔바지 #어린이 구두
#스트립 #온라인 쇼핑몰○○ #득템

#가방 오랜만 #블랙프라이데이
#연말 세일 #핸드백 #BIG SALE

2.
보라가 쇼핑을 하는 진짜 이유

보라는 원래 옷에는 별 관심이 없었어. 그러다가 새 학교로 전학을 오면서부터 패션에 관심을 쏟기 시작했지. 전학생이었던 보라는 처음에 새로운 아이들과 어울리는 게 힘들었어. 그런데, 어느 날 새 옷을 입고 학교에 갔더니 반 친구들이 다가오는 거야. 알고 봤더니 보라가 최신 유행하는 옷을 입고 나타나서 그랬던 거였지. 아이들은 옷이 예쁘다고 칭찬해 줬어. 그날 처음으로 보라는 아이들과 웃으며 이야기를 나눴단다. 그 뒤로 보라는 옷을 더 자주 사게 되었어. 새 옷을 입고 학교에 갈 때마다 친구들의 관심은 높아져 갔지.

어느 순간부터 보라는 옷 입는 일에 너무 많은 시간을 쏟았어. 그리고 자신이 아이들의 관심에서 다시 멀어지게 될까 봐 두려웠어. 그런 기분이 들면 보라는 다시 엄마를 졸라 쇼핑을 했지.

"우리는 '퀵앤픽월드'라는 쇼핑몰을 자주 가요. 우리 동네에서 가장 큰 쇼핑센터거든요. 그곳에는 아주 다양한 브랜드의 옷가게가 모여 있어요. 그리고 매주 새로운 옷들이 부담 없는 가격으로 들어오지요.

아, 물론 집에서도 쇼핑을 해요. '모바일 쇼핑'은 우리 삶에서 절대 빼놓을 수 없는 즐거움이니까요. 터치 한 번으로 원하는 것을 집 앞에서 받을 수 있는 세상. 정말 편하지 않나요? 그 덕에 쇼핑은 숨 쉬는 것만큼 자연스러운 일이 되었지요. 저는 물건을 사는 순간의 짜릿한 기분이 너무 좋아요. 그때만큼은 하루 동안의 힘든 일들이 싹 씻겨 나가는 기분이죠."

"월요일부터 금요일까지 일만 하는 엄마는 늘 저한테 많이 미안해해요. 그래서 제가 원하는 것이 있으면 다 들어주려고 하죠. 이번에도 책가방 하나를 사 줬는데, 학교에 메고 가니까 인기 대폭발이었어요. 홈쇼핑에서 샀는데, 유명 배우의 딸이 메는 가방이래요. 한정판으로 나온 거라서 곧 매진된다는 말이 나오자마자 엄마가 바로 결제해 줬어요."

둘은 사람들에게 주목받고 싶거나, 잠깐이라도 스트레스를 풀고 싶어서 옷을 샀어. 불안한 기분, 미안한 기분을 덜고 싶을 때도 쇼핑이 탈출구가 되어 주었지. 그런데 과연 이것이 두 사람에게 가장 좋은 방법이었을까?

보라와 엄마는 물건을 지나치게 많이 사는 '과소비'가 잘못된 습관이라는 것을 잘 알고 있어. 하지만 그렇다고 쇼핑을 멈추지는 못했지. 왜냐고? 쇼핑 말고는 달리 무엇을 해야 할지 알 수 없었거든. 게다가 주변에는 물건을 사지 않고는 못 배기게 만드는 다양한 장치들이 숨어 있잖아. 어떤 장치들이냐고? 한번 생각해 봐. 우리 주변에서 쇼핑을 부추기는 것들이 어디에 숨어 있을까?

3.
많이 살 수록 박수 받는 세상?

"우리는 자본주의* 세상에 살고 있습니다. 다시 말하자면, 물건을 만들어서 돈으로 사고파는 세상에 살고 있지요. 지금은 물건을 사고, 사고, 또 사도 계속 사라고 설득하고 재촉하는 시대입니다. 왜냐하면 물건을 만드는 기술이 놀랍게 발전하면서 짧은 시간 동안 엄청나게 많은 물건을 만들어 낼 수 있게 되었거든요. 그 많은 물건을 사람들이 쉬지 않고 사야만 우리 물건이 창고에 쌓이지 않고 우리 회사가 돈을 벌 수 있지요. '많이 만든 만큼 많이 팔고, 돈을 왕창 벌자.' 이것이 바로 우리 회사의 목표입니다. 그래서 우리는 여러 가지 방법으로 물건을 광고하고 있지요."

패스트 패션
기업의 수석 마케터

"우리는 만들어 놓은 물건을 다 팔기 위해 예전보다 더 큰 노력을 들이고 있어요. 사람들이 물건을 계속 사게 하려면 이미 물건을 가지고 있어도 또 사고 싶게 만들어야 하거든요. 사람을 설득하고 유혹하는 방법은 점점 발달해서 이제는 그들이 느끼지 못하는 순간에도 물건을 사라고 주문을 걸고 있답니다. 어떻게 하냐고요? '깜짝 세일'을 놓치면 손해라고 느끼게 하거나, '매진 임박'을 써 붙이고 사람들을 조급하게 만들기도 하지요. 그리고 많은 사람이 좋아하는 인물이나 드라마, 블로그나 SNS 등에 물건을 협찬해서 사람들이 그 물건을 사고 싶게 만들어요. 결국 소비자들은 우리가 팔고자 하는 물건을 살 수밖에 없지요. 아무리 쇼핑하지 않겠다고 다짐을 해도 쇼핑의 늪에서 벗어나긴 쉽지 않을 겁니다."

 이렇듯 우리 삶에 스며 있는 수많은 광고와 마케팅은 다양한 방식으로 우리의 마음을 움직이고 있어. 그들은 별로 필요하지 않은 물건을 꼭 사야만 하는 물건으로 바꿔 버리고 말지. 보라네 옷들도 대부분 이들의 끈질긴 설득에 넘어가 산 것들이야.

4.
쇼핑할 때 뇌에서 벌어지는 일

 쇼핑과 뇌가 서로 관계있다는 말 들어 봤니? 우리가 쇼핑하면 그 순간 가장 큰 영향을 받는 부위가 바로 '뇌'야. 쇼핑할 때마다 뇌에서는 신기한 물질이 나오는데, 바로 '도파민*'이라는 물질이야. 이 물질은 사실 우리에게 매우 중요한 역할을 해 줘. 우리가 기쁨이나 행복을 느낄 수 있게 만들어 주거든. 그래서 공부나 운동을 할 때도 흥미와 성취감을 느끼게 돕고 그 일을 계속해 나갈 수 있게 해 주지.

 하지만, 이것은 쇼핑이나 게임과 같이 너무 자극적인 활동을 할 때는 도리어 나쁜 영향을 끼치기도 해. 우리가 자극적인 행동을 하면 도파민은 평소보다 훨씬 강하게 나오고, 금방 사라져 버리지. 그러면 우리는 조금 전의 자극적인 행동 말고는 다른 대부분의 일에는 흥미를 잃게 돼. 우리 뇌는 또다시 그때의 강렬한 기분을 느끼고 싶어 하고, 그래서 쇼핑이나 게임을 다시 하게 되는 거야.

 그동안 보라와 엄마는 쇼핑을 통해 자신감을 높이고 불안함이나 스트레스를 줄여 왔어. 여기엔 도파민의 역할도 있었던 거야. 하지만 도파민은 오래도록 나오는 물질이 아니잖아. 당연히 쇼핑하면서 얻은 만족감은 금방 사라지고 말았지. 보라와 엄마는 쉽게 사라져 버린 기분을 다시 느끼려고 또다시 쇼핑을 했어. 만약 이대로 쇼핑하는 횟수가 점점 많아지고, 이것이 반복되면 자칫 '쇼핑 중독'으로 이어질 수 있단다.

5.
옛날에는 옷이 귀했대

우리 주변에는 옷이 참 많지. 인터넷 세상이든 집 바깥이든 어디든 옷 가게가 많을 뿐만 아니라, 값이 싸고 세일도 자주 해서 옷을 살 기회도 많아. 그런데 우리가 처음부터 이렇게 많은 옷을 쉽게 살 수 있었을까?

40년 동안 양장점을 운영해 온 '손명장' 할아버지의 이야기를 들어 봐.

"저는 어릴 때부터 옷을 좋아했어요. 옷에 대한 첫 추억은 일곱 살이 되었을 때에요. 새 옷을 선물 받았거든요. 그때는 모든 게 귀하던 시절이라 옷을 사서 입은 적이 없어요. 늘 물려받기만 하다 새 옷과 새 신발을 받아서 폴짝폴짝 뛰던 기억이 아직도 생생합니다. 그리고 고등학교를 졸업할 때 부모님께서 큰맘 먹고 맞춤옷을 지어 주셨던 일도 잊지 못합니다. 그때의 맞춤옷은 지금보다 값이 훨씬 비싸고 세상에 하나밖에 없는 옷이라서 친구들의 부러움을 많이 샀지요. 정든 교복을 벗고 자기 몸에 꼭 맞는 신사복을 입으면서 자유로움과 자신감을 느꼈답니다."

손 할아버지의 어린 시절과 보라가 사는 지금은 달라도 아주 많이 달라. 예전과 달리 이제는 옷을 만들기가 쉬워졌고, 마음만 먹으면 언제 어디서나 바로 살 수도 있어. 그리고 옷을 일회용처럼 생각하고 별다른 이유 없이 버리기도 해. 이 모든 건 옷값이 많이 싸졌기 때문에 가능한 거야. 이제는 고개를 돌리기만 해도 옷 가게가 줄지어 있고, 손가락 터치 한 번으로 최신 유행의 옷을 아주 싸게 집 앞까지 배달시키는 세상이니깐.

우리는 이러한 패션 흐름을 한 단어로 줄여 '패스트 패션*'이라고 말해.

6.
패스트 패션의 화려한(?) 등장

　패스트 패션이 뭘까? 다들 '패스트푸드'는 잘 알지? 햄버거나 피자와 같은 음식 말이야. 패스트푸드는 값이 쌀 뿐만 아니라 주문하는 즉시 음식이 나오니까 바쁠 때는 이만한 음식이 없어. 게다가 세계 어디를 가도 웬만하면 다 사 먹을 수 있을 정도로 가게가 많지.

　패스트 패션도 마찬가지란다. 전 세계에 패스트 패션 매장이 퍼져 있어서 우리는 어디를 가도 다 쇼핑할 수 있어. (물론 인터넷 쇼핑은 말할 것도 없지!) 게다가 가격까지 매우 저렴하고 빠른 유행에 맞춰 디자인한 옷이 바로바로 나오니까, 패스트 패션만 사 입으면 우리는 아주 싼 값으로도 패션 리더가 될 수 있어. 잘 생각해 봐. 너도 이미 패스트 패션이 주는 편리함과 만족감에 익숙해져 있지 않니?

　물론 처음부터 패스트 패션이 있었던 것은 아니야. 직접 손바느질을 해야 하던 시절에는 옷 한 벌이 세상에 나오려면 오랜 시간과 정성이 필요했지. 그래서 옷을 사려면 돈이 많이 필요했어. 부유한 사람들만 패션과 유행을 즐길 수 있었지. 그러다가 기계가 발명되면서 세상이 달라지기 시작했어. 기계는 물건을 훨씬 쉽고 빨리 만들 수 있게 도와주었거든. 기계로 만

• 패스트 패션의 등장으로 누구나 패션과 유행을 즐기게 되었다.

든 옷은 가격도 싸고 많은 양을 한 번에 내놓을 수 있었어. 드디어 많은 사람이 패션과 유행을 즐길 수 있게 된 거야. 이제 사람들은 점점 더 빨리, 더 싸게, 옷이 갖고 싶어졌어.

그러니 패스트 패션이 생겨나자 사람들은 너도나도 두 손 들어 환영했지. 돈이 많든 적든 누구나 부담 없이 패션과 유행을 즐길 수 있는 세상이 되었으니까. 하지만, 이게 정말 환영받을 만한 일일까?

"누구나 쉽게 패션을 만날 수 있고, 부담 없이 자신을 표현할 수 있다는 점은 패스트 패션의 좋은 점이라고 생각해요. 하지만 한편으로는 걱정이 앞섭니다. 옷을 너무 쉽게 사다 보니, 그만큼 쉽게 버리는 세상이 된 것 같아서요. 게다가 많은 사람이 새 옷은 무조건 좋고 헌 옷은 버려야 할 낡은 옷 취급하는 걸 보면 씁쓸한 기분이 들어요. 새것이라고 무조건 좋지도 않고, 낡은 것이라고 꼭 버려야 할 것은 아니랍니다."

우리 선조의 지혜가 담긴 의학 서적 '동의보감*'에는 아이에게 옷을 지어 줄 때 부모들이 입던 해진 옷으로 다시 만들어 입히고, 새 솜과 새 비단은 쓰지 말라고 나와 있어. 또, 할머니, 할아버지가 입던 헌 바지, 헌 저

고리를 뜯어 옷을 만들라고도 했지. 왜 굳이 낡은 옷감으로 짓게 했을까?

그때는 아이에게 옷을 너무 덥게 입히지 않아야 뼈와 근육이 튼튼하게 자란다고 생각했기 때문이야. 또, 할아버지 할머니의 기운을 받은 옷감으로 옷을 지어 입은 아이는 복을 받고 건강하게 잘 살 수 있다고 여겼대. 이처럼 우리 조상들은 옷 하나에도 생활의 지혜와 아이에 대한 사랑 그리고 어른에 대한 공경의 마음을 다 담았어.

하지만, 요즘 우리가 입는 옷에는 이러한 이야기를 담을 여유가 없지. 잠깐 입고 버려지기 바쁘니깐 말이야. 게다가 오늘날의 옷에는 포름알데히드와 같은 몸에 해로운 독성 물질이 옷을 만드는 과정 중에 어쩔 수 없이 생겨나고 있어. 이 물질들은 아무리 세탁을 해도 쉽게 사라지지 않는단다.

안타깝지만 지금의 옷은 옛날보다는 귀한 대접을 받지 못하는 실정이야.

| 패션 리더 지구인의 세 가지 조건 01

"Love Yourself."
자신을 들여다보세요. 그리고 사랑하세요.

우리는 생각보다 자신에 대해 잘 몰라요. 하지만 나를 안다는 건 매우 중요한 일이죠. 왜냐고요? 나에 대해 제대로 알아야 나를 정말 사랑할 수 있으니까요.

한번 생각해 보세요. 나는 어떤 사람인가요? 모르는 게 없고, 뭐든지 잘하고, 실수도 안 하는 완벽한 사람인가요? 그런 사람은 이 세상에 단 한 명도 없어요. 사람은 모두 부족하고 불만족스러운 면들을 갖고 있답니다.

그런데 많은 사람은 자신의 약점이나 단점을 잘 들여다보지 않으려 해요. 일부러 모른 척하는 경우가 더 많지요. 나의 부족한 부분을 직접 확인하는 일은 꽤 힘든 일이거든요. 하지만 나를 사랑하려면 나의 모자란 부분을 먼저 바라보고 인정하는 것부터 시작해야 한답니다. 내가 이것도 잘하고 저것도 잘해서 나를 사랑하는 것이 아니에요. 나의 약점을 알고 인정하면서도 그런 나를 사랑하고 소중히 생각하는 거죠. 우리는 이것을 '자아존중감'이라고 말해요.

자아존중감이 낮으면 그만큼 다른 사람에게서 인정받고 사랑받고 싶은 마음이 강해집니다. 그러다 보니 주변의 말과 행동에 더욱 신경 쓰게 되고, 결국은 내가 입는 옷이나 먹는 것까지 다른 사람에게 맞추려 하지요. 그렇게 다른 사람에게 의존하다 보면 그들이 나에 대해 부정적으로 평가할 때 큰 상처를 받게 되지요. 그렇다면 자아존중감이 높은 사람은 어떨까요?

다른 사람의 말에 크게 상처받지 않아요. 왜냐하면 이미 자신에 대한 가치를 스스로 긍정적으로 평가했기 때문이에요. 그들은 주변을 의식하느라 시간을 쏟는 걸 아까워해요. 그 시간에 자신이 중요하게 여기는 것들에 대해 생각하고, 앞으로의 목표를 향해 걸어가지요.

그래서 이러한 사람은 다른 사람에게 나를 드러내는 것을 크게 두려워하지 않습니다. 내 생각이나 취미, 좋아하는 옷 스타일이 사람들과 좀 달라도 상관하지 않지요. 누구보다 자기 자신을 잘 이해하고 있으니까 말이에요.

여러분은 자신을 사랑하고 있나요?

2장

패스트 패션, 너 딱 걸렸어!

1. 거부할 수 없는 패스트 패션의 매력
2. 우리가 몰랐던 면 티셔츠의 비밀
3. 거위 25마리의 눈물과 맞바꾼 패딩 점퍼
4. 청바지를 19,000원에 살 수 있는 이유
5. 떨어질 수 없는 관계, 패션과 독성 물질
6. 버린 옷은 반드시 되돌아온다

패션 리더 지구인의 세 가지 조건 02 | "Love The Earth."

1.
거부할 수 없는 패스트 패션의 매력

• 사람들은 유행에 뒤처지지 않으려고 쉬지 않고 옷을 산다.

패스트 패션 옷들은 값이 싸기 때문에 아주 많이 팔아야 회사가 돈을 벌 수 있어. 그래서 패스트 패션 기업은 사람들이 옷을 금방 버리고 다시 새 옷을 사기 바라지. 그러다 보니, 새로운 유행을 자주 내놓을 수밖에 없는 거야. 예전에는 사계절마다 소개되던 새 옷이 2주에 한 번씩, 그리고 1주일에 한 번씩 소개되더니 이제는 울트라 패스트 패션이라는 이름으로 매주 월, 수, 금, 일요일, 거의 매일 나오게 되었어. 새로운 디자인의 옷이 일주일에 세 번 이상 나오면 사람들은 그만큼 자주 옷을 사게 돼. 일주일만 늦어도 유행에 뒤처진다는 느낌을 받거든. 그래서 패스트 패션을 즐겨 입는 사람들은 1년에 80벌 정도의 옷을 산다고 해. 옷을 산 뒤에는 3번 정도 입고, 바로 헌 옷 취급을 해서 어딘가에 쌓아 놓는 거지.

패스트 패션 옷은 가격이 저렴한 대신 품질이 떨어지는 편이야. 그런데

도 사람들은 서슴없이 옷을 사지. 한꺼번에 여러 벌을 사도 부담이 적잖아. 이제 사람들은 옷을 일회용품처럼 생각하게 되었어. 그래서 두세 번 입다가 질리면 버리고, 옷감이 망가져도 고민 없이 버리지. 누군가는 싼값에 사서도 오래 입으면 되지 않느냐고 물을 수도 있을 거야. 하지만, 일부러 빨리 망가지게 만든 옷을 오래 입기란 쉽지 않지. 게다가 패스트 패션을 좋아하는 사람들은 유행마다 옷을 사 입는 것이 중요할 뿐, 옷감의 질은 크게 신경 쓰지 않아.

잘 생각해 봐. 우리 모두 패스트 패션 옷을 갖고 있지 않니? 패스트 패션은 우리에게 결코 낯선 게 아니야. 이젠 옷을 사고, 버리고, 또 사는 일을 반복하는 것이 일상이 되었어.

보라의 물음표 01

친구들이 제가 새 옷을 입고 나타나는 걸 좋아해요. 제가 유행에 뒤떨어지는 옷을 입으면 아이들의 관심에서 멀어지게 될까 봐 두려워요.

네가 늘 새 옷을 입고 나타나서 친구들이 좋아하는 걸까? 너의 가치가 과연 '새 옷'으로 결정되는 걸까? 물론 최신 유행하는 새 옷은 처음에는 사람들의 관심을 끌 수 있겠지. 하지만 그것은 아주 잠깐뿐이란다.

너는 새 옷보다 다른 매력이 많은 아이야. 유행하는 '신상 옷'을 입은 모습보다 너의 재미있는 유머 감각과 다정한 말투, 남을 배려하는 성격을 좋아하는 친구들이 많거든. 어떤 친구는 네가 엉뚱한 실수를 하는 모습을 보며 친근한 매력을 느꼈을 지도 모르지.

너의 겉모습보다 눈에 보이지 않는 수많은 것들이 너의 가치를 결정한다는 것을 꼭 명심하렴.

하지만 반짝이고 깨끗한 새 옷이 더 멋져 보이잖아요. 새 옷을 입으면 제 가치도 덩달아 올라가는 기분이에요. 자신감도 생기고요.

새것, 반짝이는 것, 깨끗해 보이는 것이 무조건 더 가치 있고 아름다운 것은 아니야. 낡고 오래된 것 중에도 우리에게 가치 있고 소중한 것들이 많거든. 한번 생각해 보렴. 오래된 나무의 거친 표면이나 할머니의 주름진 손. 또, 뛰어난 무용수나 운동선수의 울퉁불퉁하고 못생긴 발이 가치가 없다고 느껴지니? 혹은 어릴 때부터 아끼던 낡은 인형이나 꼬질꼬질해진 장난감이 너에게는 소중하지 않니? 이 모든 것은 겉보기에 매끄럽고 윤이 나는 새것은 아니지만, 누군가에게는 그 무엇과도 바꿀 수 없는 매우 소중하고 값진 것들이지.

오래되고 낡은 옷이라고 무조건 가치가 떨어지는 것이 아니란다. 어떤 옷은 특별한 추억을 불러일으키고, 행복한 기억을 떠올리게 하지. 또 어떤 옷은 나에게 자신감을 넘치게 해 주기도 하고 좋은 일이 생기게 해 주기도 해. 잘 생각해 보렴. 너에게도 그런 옷이 한 벌쯤은 있을 거야.

2.
우리가 몰랐던 면 티셔츠의 비밀

독을 품은 목화

보라가 입고 있는 티셔츠와 청바지는 면으로 만들어졌어. 면은 목화라는 식물에서 얻어지지. 농부가 키운 목화가 보라의 티셔츠나 청바지가 되려면, 제일 처음에는 실로 만드

• 해충이 잘 생기는 목화를 대량으로 키우려면 유전자 변형과 살충제 사용을 피하기 어렵다.

는 과정을 거쳐야 하고, 그다음으로 실을 직조해서 천을 만드는 작업, 색을 입히는 염색 등의 가공 과정을 거친 뒤, 옷을 봉제하는 작업을 해야 해. 그렇게 완성된 옷이 자동차나 배, 비행기를 통해 옷을 보관하는 창고나 상점으로 가고, 비로소 보라의 손에 들어가는 거야.

그런데 정말 이게 다일까?

패스트 패션 회사에서 만들어 달라고 주문한 옷의 양은 어마어마해. 그걸 다 만들어 내려면 당장 엄청나게 많은 양의 목화가 필요하지. 하지만 목화는 해충이 잘 생기는 식물이라 한 번에 많은 양을 생산하기가 어려

워. 그래서 생겨난 것이 '유전자 변형 목화'야. GMO* 목화라고도 하는 이 목화는 목화가 스스로 독성을 갖게 유전자를 변형시켜 해충이 살아남지 못하게 만든 거야. 게다가 목화밭에는 아주 독한 살충제까지 뿌리지. 물론 처음에는 벌레가 사라진 목화밭에서 아주 많은 목화를 생산하게 되고, 많은 옷을 빨리 만들어낼 수 있어. 하지만, 이것은 결국 해충을 없애는 데 실패하고 오히려 더욱 심각한 문제만 만들고 만단다.

아무리 독성 있는 목화를 만들어 내고 강한 살충제를 뿌린다 해도 벌레들은 금방 내성이 생기게 돼. 그러면 농부는 몇 배는 더 강한 독성의 살충제를 뿌리고 더 독한 화학 비료를 사용하게 되지. 자연스레 땅은 생명력을 잃어버리고, 그 땅에서는 오랜 기간 다시 목화를 심을 수 없게 된단다.

그뿐만이 아니야. 독성이 강한 목화 잎을 뜯어 먹은 수많은 가축이 목숨을 잃거나, 독성 물질이 땅과 물속에 스며들어 농부들과 지역 주민들이 심각한 질병에 걸리기도 해. 안타깝지만 지금으로서는 목화가 지구를 가장 아프게 하는 오염된 작물이 되었어.

목화가 물 먹는 하마라고?

그렇다면 약을 치지 않고 유전자 변형을 거치지 않은 유기농* 목화는 문제가 없을까? 유기농 목화 또한 환경 문제를 피해 갈 순 없어. 목화 농사를 짓기 위해서는 기본적으로 엄청난 양의 물이 필요하기 때문이야. 보라가 입은 티셔츠 한 장을 만들기 위해서는 약 2,700리터의 물이 필요해. 이

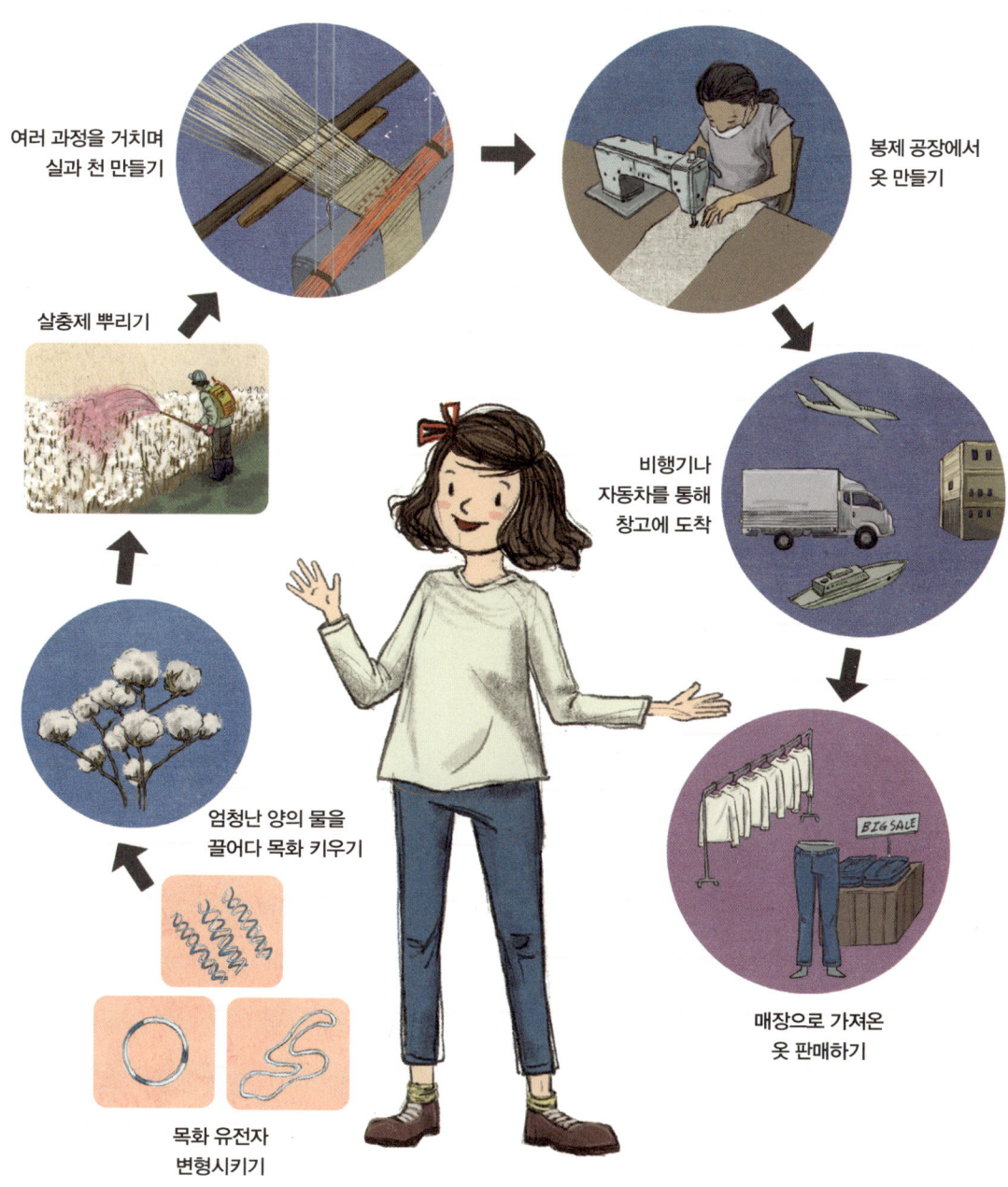

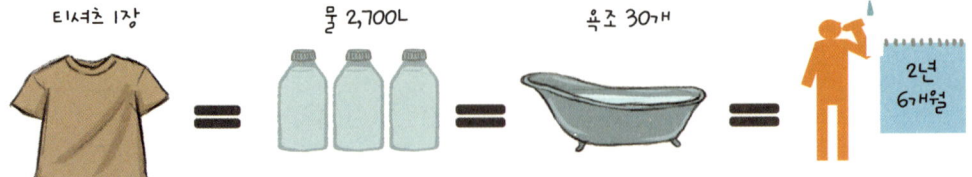

• 티셔츠 한 장을 만들기 위해 필요한 물의 양

것은 욕조 30개에 물을 채울 만한 양인데, 한 사람이 2년 반 동안 마시는 물의 양과 같아. 아무리 유기농 면으로 만든 티셔츠라고 해도 목화 농사에 들어간 물을 생각하면 마음 놓고 살 수만은 없는 노릇이지.

실제로 물이 부족한 나라에서 목화를 재배하려고 호수에서 물을 끌어 쓰다가 결국은 물줄기가 말라 사막이 되어 버린 곳이 있어. 바로 세계에서 네 번째로 큰 호수였던 아랄해야. 이곳은 소금기가 많은 죽음의 사막이 되어 버렸단다. 결국 물고기를 잡을 수도 없고, 사막의 소금과 모래가 바람에 실려 주변 마을에 심각한 건강 문제까지 일으키고 있지.

보라의 물음표 02

유전자를 바꾸거나, 살충제를 뿌리는 일, 그리고 엄청난 물을 사용하는 것을 바람직하다고 볼 수는 없지만, 우리가 좀 더 편하게 살려면 어쩔 수 없이 필요한 일 아닌가요? 솔직히 바나나 농장이 벌레를 없애려고 많은 농약을 뿌린다면 저는 이해할 수 있을 것 같거든요. 지구상에서 가장 중요한 인간을 위해 때로는 다른 것들이 희생할 수 있는 것 아닐까요?

인간이 정말 지구에서 가장 중요한 존재일까?

우리는 지구에서 살고 있어. 지구에는 수백만 종류의 동물과 식물 그리고 미생물이 살고 있지. 지구가 지금까지 조화롭고 풍요롭게 살아올 수 있었던 건, 지구 생물이 오랜 시간 동안 각자 자기 자리에서 서로 어울리며 잘 살아왔기 때문이야. 물론 여기에는 인간도 포함되지. 이처럼 다양한 생물이 거미줄처럼 지구에 펼쳐져 있는 것을 '생물 다양성*'이라고 해. 한마디로 지구는 다양한 생명들이 서로에게 영향을 끼쳐 가며 더불어 살아가는 곳이지.

그런데 인간이 마치 지구를 자기 것인 양 착각하고 함부로 대하는 바람에 지구가 심각한 위기에 처하고 말았단다. 우리 인간은 너무나 '인간 중심적인 생각'만으로 경제 발전과 생활의 편리만을 좇고 살았어. 그러다 보니, 인간은 자신들도 다른 생명들과 어울려 사는 또 다른 생명일 뿐이라는 생각을 미처 깨닫지 못하고 있지. 그래서 지금도 서슴없이 지구 생명을 파괴하고 있단다.

우리가 사는 세상은 앞으로 더욱 편리한 세상을 꿈꾸며 끊임없이 발전할 거라고 배웠어요. 만약 인간 위주로만 세상이 발전한다면 지구에 큰 문제가 생길 수도 있을까요?

안타깝게도 지구는 이미 크고 작은 문제들을 안고 있단다.

사회생물학자 최재천 선생님은 "지구에는 보이지 않는 생명 순환의 연결 고리가 오랜 시간 동안 만들어져 지금까지 이어져 오고 있다."고 말씀하셨어. 그런데 점점 지구의 생명을 지켜 주던 이 연결 고리가 끊어질까 걱정이야. 우리가 기억해야 하는 건, 인간의 풍요로움만 좇다가 자연 생태계가 파괴되고, 생물 다양성의 탑이 무너지면 우리 인간의 생존에도 심각한 영향을 끼친다는 거야.

최근에는 인간의 생명을 위협하는 전염병이 여기저기 생겨나고 있어. 인간이 숲을 파괴하는 바람에 야생 동물이 인간과 접촉해 생긴 '에볼라 바이러스', 인간이 잘못된 방식으로 닭을 사육해서 문제가 생긴 '조류인플루엔자', 그밖에도 불법적으로 야생 동물을 사고팔거나, 식용으로 먹으면서 생긴 '코로나바이러스' 등 각종 바이러스가 속출하고 있는 거야.

많은 과학자가 지금의 인류 사회를 위협하는 가장 심각한 문제로 무엇을 꼽았는지 아니? 바로 '생물 다양성이 사라지는 것'이래. 이제 우리는 그동안 잘못 생각해 온 사고방식을 되돌려 놓고, 오랜 세월 이어져 온 생물 다양성을 지키기 위해 어떤 노력을 해야 할지 함께 생각해 봐야 해.

3.
거위 25마리의 눈물과 맞바꾼 패딩 점퍼

동물도 고통을 느껴요

제인 구달* 박사는 '동물도 감정이 있으며 특히 고통을 느낄 수 있는 생명'이라고 말했어.

우리는 지나가는 강아지와 고양이를 사랑스럽게 바라보지. 이름을 지어 주고, 쓰다듬어 주고, 먹을 것을 주고, 다정하게 말을 걸어 줘. 그러면서 오늘 아침에 사용한 치약과 샴푸, 화장품이 동물 실험을 거쳐 나온 것인지는 까맣게 모르고 있지. 너무나 많은 생활필수품이 동물을 이용해 만들어져서 그 많은 물건 하나하나를 의식하기란 쉽지 않은 일이야. 그렇다면 패션은 어떨까?

우리가 잘 입는 청바지나 매일 메고 다니는 가방에 붙은 가죽 라벨, 또

는 가죽 가방이나 가죽 지갑은 어떤 동물의 가죽일까? 겨울 패딩에 사용되는 오리와 거위의 털은 어떤 방식으로 얻는 걸까? 누구나 갖고 싶어 하는 양털 니트와 캐시미어 코트는 어떻게 만들어질까?

우리가 입는 패딩에 들어가는 털은 거위와 오리의 앞가슴 털이 대부분이래. 그런데 우리의 패딩 속을 채우기 위해 앞가슴 털이 산채로 뽑히고 있다는 사실을 아는 사람은 많지 않아. 보통 태어난 지 10주가 됐을 때부터 뽑히기 시작해서 6주 간격으로 평생 5~15번 정도 털이 뽑히지. 털을 뽑다 보면 피부가 찢어지거나 살점이 뜯겨 나가는 일도 있어. 결국, 많은 오리와 거위가 고통과 스트레스로 죽게 돼. 겨울에 우리가 즐겨 입는 패딩 한 벌을 만들기 위해서는 보통 15마리에서 25마리의 오리나 거위 털이 필요하단다.

코트

우리 몸을 따뜻하게 해 주는 코트 한 벌을 만들려면, 라쿤 털은 라쿤 40마리가 필요하고 여우 털은 여우 42마리, 밍크라면 60마리가 필요해. 게다가 이러한 동물은 전기 충격으로 기절시킨 뒤 산 채로 가죽을 벗긴다고 해. 정말 상상할 수도 없이 끔찍한 일이지. 사람들은 왜 산 채로 털을 뽑고 가죽을 벗기는 걸까? 그건 라쿤 같은 동물은 죽은 뒤에는 가죽이 굳어서 벗기기가 어렵고 털의 윤기도 사라져 옷의 상품성이 떨어지기 때문이야. 한마디로 사람의 편리와 돈을 위해 라쿤이나 밍크, 여우가 이처럼 고통을 받는 거지.

스웨터

겨울이 되면 즐겨 입는 스웨터는 울로 만든 것이 따뜻해. 그래서 사람들은 옷을 살 때 울이 얼마나 많이 들어 있는지 확인하곤 하지. 울은 양털로 만들어. 의류 회사는 양털이 많이 필요하겠지? 그래서 옷을 위해 사육되는 양들이 많아. 사람들은 한 마리의 양에게서 최대한 많은 털을 얻기 위해 일부러 살아 있는 양의 가죽을 늘려. 그러고는 깨끗하게 관리해 주지 않아서 양의 피부에 벌레가 생기고 생명을 잃기도 해.

게다가 양털 깎는 일을 하는 사람들은 많이 깎는 만큼 돈을 벌기 때문에 빨리 털을 깎으려 한단다. 그 과정에서 양은 전혀 배려받지 못해. 조금이라도 더 많은 털을 얻어 내려고 양을 함부로 다루거든. 게다가 시간이 흘러 양털의 질이 떨어지게 되면 양들은 짐짝처럼 외국으로 보내져 죽임을 당한단다. 매년 이러한 학대를 받는 양들의 수는 5,000만 마리나 된다고 해.

우리는 이렇게 만들어진 옷들을 아무렇지 않게 한 해만 입고 벗어 던지지. 그리고 새로운 유행이 시작되면 또 다른 패딩과 또 다른 코트, 또 다른 스웨터를 즐거운 마음으로 산단다. 저렴한 가격으로 샀다고 뿌듯해 하면서 말이야. 하지만, 아무도 그 옷이 어떻게 만들어졌는지는 알려 주지 않지. 우리 눈앞에는 멋지고 화려한 광고 속 사진들만 번쩍이고 있을 뿐이거든.

보라의 물음표 03

옷에 사용되는 동물의 가죽과 털이 이렇게 잔인하게 만들어지는 줄은 몰랐어요. 이제 집에 있는 가죽옷과 털옷은 못 입을 것 같아요. 전부 버리고 싶어요.

보라가 산 옷들 대부분은 '동물권'이 지켜지지 않은 게 사실이야. 동물권이라는 말에는 '동물은 생명이므로 학대나 고통을 받지 않을 권리가 있다'라는 뜻이 들어 있거든. 빨리, 싸게 만들어야 하는 패스트 패션이 동물권까지 지켜 가며 옷을 만들기란 쉽지 않겠지. 그런데, 동물권을 무시한 옷이라고 해서 이미 가지고 있는 옷을 버리는 게 과연 좋은 생각일까?

오히려 옷장에 있는 털옷과 가죽옷을 더욱 소중히 다루고, 최대한 오래 입어서, 또 다른 옷을 사지 않는 것이 동물권을 지키는 좋은 방법이 될 수도 있단다. 만약 옷을 꼭 사야 할 때가 되면, 그때는 동물의 털과 가죽을 사용하지 않는 비건 패션*을 찾아 보렴.

생각할 수록 사람들이 너무 나빴어요. 앞으로는 동물 가죽과 털옷을 사 입는 사람과는 어울리지 않을 거예요.

너와 생각이 다르다고 해서 상대방을 무조건 나쁘게 여기는 게 바람직한 일일까? 우리는 서로 다른 환경 속에서 살아왔기에 생각이나 문화, 생활 습관 등 모두 달라. 그런데 너 혼자서 누가 맞고 누가 틀린지 따지고 있다면 그건 문제 해결에 별 도움이 되지 못할 거야. 그보다는 어떻게 하면 함께 마음을 모아 문제를 바라볼 수 있을지 고민해 보는 게 낫지.

만약 네가 쇼핑을 좋아하고 동물 가죽이나 털을 즐겨 입는 사람을 따돌리거나 흉을 본다면, 그건 환경 문제만큼이나 심각한 폭력이 될 수도 있다는 것을 명심하렴.

하나의 잣대만으로 옳고 그름을 따지기보다는 서로 존중하는 태도로 마음과 귀를 열고 의견을 충분히 나눠 봐. 그 과정을 통해 우리는 더 넓어진 시야를 갖게 될 테고, 함께 새롭고 멋진 해답을 찾아낼 수 있을 거야.

4.
청바지를 19,000원에 살 수 있는 이유

1+1, 시즌오프 파격 세일, 마지막 폭탄 세일!

• 블랙프라이데이 기간에 백화점을 들어가려고 기다리는 사람들

매년 크리스마스와 연말 시즌에는 전 세계적으로 대대적인 '세일 파티'가 벌어지지. '블랙프라이데이', '세일 페스타' 등의 이름으로 물건의 원래 가격보다 50~90퍼센트까지 할인해서 파는 할인 기간이야. '세일'이라는 단어를 들으면 사람들의 가슴은 콩닥콩닥 두근거려.

지난 연말, 보라가 사는 도시에도 매장마다 세일 경쟁이 치열했어. 당연히 보라와 엄마도 세일의 유혹에 빠져들었지.

 "티셔츠가 3,000원이었어요. 보라 청바지는 19,000원이었고요. 하여튼 전부 70퍼센트, 혹은 90퍼센트까지 할인하는 옷들인데, 이걸 어떻게 그냥 지나쳐요!"

 "이 청바지는 세일하길래 그냥 샀는데, 집에 와서 다시 보니 내 스타일이 아니었어요. 지금까지 세 번 정도 입었네요. 돈이 아깝지 않느냐고요? 비싸지 않아서 괜찮아요."

너희는 궁금하지 않니? 이 물건들은 왜 이토록 값이 싼 걸까?

보라와 엄마가 보여 준 물건들의 라벨을 한번 확인해 보자. 전부 방글라데시나 인도네시아, 터키나 중국에서 만들어졌을 거야. 왜 우리나라에서 팔 물건들을 굳이 먼 나라에 가서 만드는 걸까?

• 인도의 청바지 봉제 공장에서 일하는 어린 여자

이유는 간단해. 그 나라에서 일하는 사람들에게는 돈을 적게 줘도 되기 때문이야. 우리나라에서는 한 시간에 8,700원 정도를 줘야 한다면, 방글라데시에서는 한 시간에 300원 정도만 줘도 되거든. 하루에 열 시간이 넘도록 한 달을 일해도 고작 10만 원도 못 받는 거야.

패스트 패션 회사는 옷을 더 싸게 내놓기 위한 방법으로 돈을 적게 줘도 되는 나라에 공장을 세운 거야. 방글라데시, 스리랑카, 인도네시아 등의 공장 직원들이 임금을 적게 받으며 일하기 때문에 보라가 이 청바지를 아주 싼값에 살 수 있었던 거지.

'더 싸게, 더 빨리'가 불러온 대형 사고, 라나플라자 사건*

2013년 4월 24일, 방글라데시에서 '라나 플라자'라는 9층짜리 대형 의류 공장이 무너지는 사고가 생겼어. 이 사고로 그 안에서 일하고 있던 2,500명이 다치고 1,136명이 목숨을 잃었단다. 사고가 났을

• 라나플라자 붕괴로 3,600명이 넘는 사람이 다치거나 목숨을 잃었다.

때, 그 건물에서는 수많은 패스트 패션 브랜드의 옷이 만들어지고 있었어. 그중에는 보라와 엄마가 즐겨 사 입던 브랜드의 옷도 있었지.

이 건물은 사고 전날, 이미 무너질 위험이 높았어. 그래서 경찰들이 찾아와 공장 주인들에게 사람들을 대피시키라고 경고했대. 하지만, 공장 주인들은 오히려 일하는 사람들을 다시 불러내고 말았지. 그들은 왜 이렇게 무리해서 일을 시킨 걸까?

그 이유는 패스트 패션 회사가 옷을 빨리 만들어 달라고 요구했기 때문이야. 회사가 원하는 날짜에 맞추기 위해서는 무리해서 일을 시킬 수밖에 없었거든. 이렇게 힘든 환경에서 일해야 했던 사람들은 대부분 10대 후반에서 20대의 젊은 여성들이었단다.

티셔츠에 붙어 있는 반짝이 스팽글은 누가 붙였을까?

패스트 패션 옷에 비즈나 스팽글이 붙어 있다면 그것은 가난한 나라의 아이들이 직접 붙였을 가능성이 높아. 왜냐하면 기계는 너무 비싸서 봉제 공장에서 사용하기를 꺼려하기 때문이지.

값싼 패스트 패션 상품을 만들어야 하는 공장에서 비싼 기계를 사용하게 되면 옷값도 덩달아 올라가잖아. 당연히 회사에서도 원하지 않겠지.

옷에 장식을 붙이는 일은 공장 직원이 아니라 비정규직 노동자*들이 많이 해. 공장 직원들은 이미 해야 할 일들이 산더미처럼 쌓여 있으니 공장에서는 대신 일해 줄 다른 사람을 구할 수밖에 없거든. 이 일을 하는 사람들은 대부분 형편이 어려운 사람이거나 어린 아이들이야. 힘 없고 아는 것도 많지 않은 아이들은 돈을 제대로 받지 못하면서도 해가 지기 전까지 옷에 스팽글이나 비즈를 붙여야 하지.

이런 일들을 회사가 모르고 있을까? 알고 있지만, 자세히 알려고 하지는 않는단다. 사람들에게 값싼 옷을 빨리 내놓기 위해서는 그들의 희생이 어쩔 수 없는 일이라 생각하거든. 패션 회사의 이러한 태도 때문에 가난한 나라의 노동자들이 보호받지 못하고 부당한 대우를 받는 거야.

보라의 물음표 04

패션 회사는 나날이 돈을 버는데, 왜 옷을 만드는 사람들의 환경은 나아지지 않나요?

그건 기업과 공장이 오직 자신들의 이익만 생각하기 때문이야. 이 같은 문제는 100년 전부터 거의 그대로 이어져 오고 있단다.

1911년, 미국 뉴욕의 한 봉제 공장에서 화재가 일어났어. 당시 공장에서 일하던 사람들은 턱 없이 적은 돈을 받으며 좁은 공간에서 많은 사람이 함께 일했지. 그들은 너무 오랜 시간 일을 했고, 화장실 가는 시간도 감시당할 뿐만 아니라, 서로 대화도 하지 못했어. 공장은 오직 물건을 많이 만들어 내는 데에만 집중했고, 일하는 사람의 노동권*에 대해서는 관심이 없었지.

결국 그곳에서 화재가 일어났고, 이 같은 사고에 아무런 대처도 할 수 없었던 공장 안에서는 단 15분 만에 146명의 어린 여성 노동자들이 목숨을 잃었단다.

그로부터 100년이 지난 지금은 좀 나아졌을까? 글쎄, 라나플라자 붕괴 사고를 떠올려 보면 거의 달라진 건 없는 것 같아. 다만 예전에는 영국과 미국에서 일어났던 일들이 지금은 중국, 방글라데시, 인도, 캄보디아, 미얀마 등 임금이 낮은 나라에서 일어나고 있을 뿐이지.

사실 이와 같은 노동자들은 다양한 제도와 법적 장치를 만들어 보호해 줘야 하지만, 정부가 노동자의 반대편에 서 있을 때가 많아.

저임금국가들은 대부분 옷을 수출해서 돈을 벌어들이고, 그것이 나라 경제에 큰 도움이 되고 있어. 그래서 정부는 돈을 벌어다 주는 공장의 편을 들려고 하지. 안타깝지만 이러한 상황은 여전히 이어지고 있고, 많은 인권 단체와 운동가들이 노동자의 편에 서서 그들의 권리를 찾기 위해 노력하고 있단다.

5.
떨어질 수 없는 관계, 패션과 독성 물질

천연 섬유는 모두 친환경적이다?

천연 섬유라고 하면 자연에서 얻은 재료로 만든 옷을 떠올리게 돼. 면, 마, 실크, 가죽, 털 등 얼핏 생각하면 천연 섬유가 환경에 해를 끼치지 않을 것만 같아. 그런데 정말 그럴까?

보라의 면 티셔츠는 처음에 목화에서 시작해 면 티셔츠가 되기까지 보통 20단계 정도의 가공 과정을 거치게 돼. 처음에는 누런색의 면을 하얗고 깨끗하게 표백해야 해. 면이 주름지거나 줄어들지 않게 가공해야 하고, 아름다운 색으로 염색을 하거나 장식을 붙이지. 이러한 과정에서 다이옥신, 포름알데히드, 액체암모니아 등 우리 몸과 환경에 해로운 화학

① 씨를 빼 목화솜 얻기　② 씨앗과 분리하고 이물질 제거하기　③ 가는 실로 만들기

물질이 나와. 이 물질은 옷 속에 그대로 남아 있다가 보라가 옷을 입는 동안 서서히 밖으로 나오면서 건강에 나쁜 영향을 끼칠 수도 있단다.

보라 엄마가 특히 좋아하는 천연 가죽은 어떨까? 보라 엄마는 가죽 가방만 스무 개나 있어. 하지만 천연 가죽이 합성 섬유로 만든 인조 가죽보다 두 배 이상 환경을 오염시킨다는 사실은 몰랐지.

가죽은 살아 있던 동물의 피부이기 때문에 그대로 두면 썩게 마련이거든. 동물의 가죽을 우리가 사용할 벨트나 가방, 지갑으로 만들기 위서는 부패하지 않게 가공하는 '무두질'이 필요해. 패스트 패션과 같이 한꺼번에 많은 양의 가죽 제품을 만들어야 하는 무두질 공장에서는 환경에 나쁜 화학

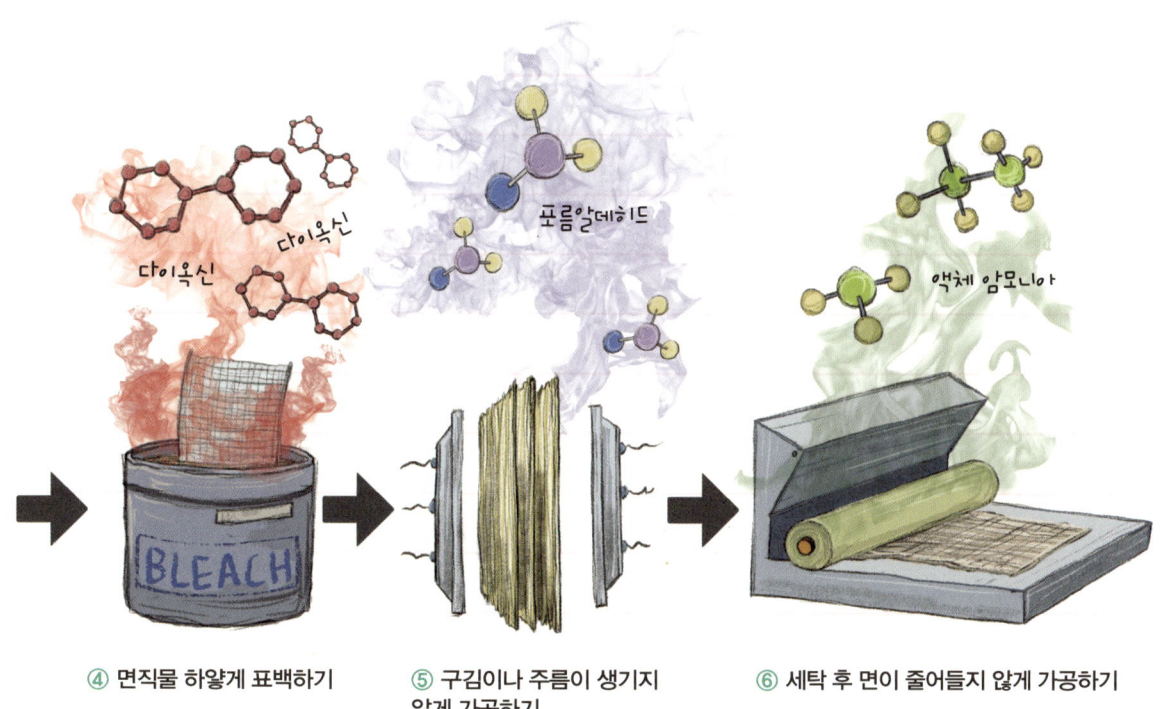

④ 면직물 하얗게 표백하기 　⑤ 구김이나 주름이 생기지 않게 가공하기 　⑥ 세탁 후 면이 줄어들지 않게 가공하기

• 방금 무두질을 마친 가죽들

성 물질로 가죽을 손쉽게 가공하지. 이때 엄청난 양의 물을 사용하고, 중금속이 포함된 폐수가 강이나 논밭에 버려져 물과 땅까지 오염시킨단다.

게다가 동물의 가죽 표면이 마르지 않게 잘 보존하려고 기름 코팅을 하는 과정에서도 독성이 강한 화학물질인 포름알데히드, 청산가리, 납, 크롬, 오일, 염료제 등이 사용되고 있어.

합성 섬유는 천연 섬유의 훌륭한 대안이 될까?

합성 섬유는 대표적으로 나일론, 폴리에스터, 아크릴, 폴리우레탄, 인조 가죽 등이 있어. 현재 전 세계에서 만들어지는 옷 열 벌 중 여섯 벌은 합성 섬유로 만들어지고 있지.

나일론은 스타킹이나 수영복에 주로 쓰이는 섬유이고, 폴리에스터는 보통 천연 섬유와 섞어서 옷을 만들어. 아크릴은 수세미나 카펫에도 사용되는데 양모를 대신해서 사용하기도 해. 폴리우레탄은 스판덱스를 생각하면 된단다. 신축성이 좋아서 요즘에는 속옷이나 수영복에도 자주 사용되지. 인조 가죽은 폴리염화비닐이라고도 하고, 동물 학대에 반대하는 비건 패션 운동과 함께 가죽 대신 많이 사용되고 있어.

물론 위와 같은 합성 섬유는 목화처럼 물을 많이 쓰지도 않고 독성 살충제를 뿌리지도 않아. 또 튼튼해서 오래 사용할 수 있는 장점도 있지. 하지만, 합성 섬유가 지구를 살리는 데 결코 정답이 될 수는 없어.

합성 섬유는 대부분 석유로 만들어지는데, 다른 모양의 플라스틱이라고 생각하면 돼. 석유를 섬유로 만드는 과정에서 온실가스가 생기는데, 천연 섬유보다 더 많이 생겨서 문제가 되는 거야.

2015년에는 옷을 위한 폴리에스터를 만들면서 7억 5천만 톤의 온실가스가 생겨났는데, 이 양은 석탄발전소 185개와 맞먹는 양이야.

게다가 인조 가죽을 만드는 사람들도 천연 가죽을 가공하는 사람들처

• 한 해 동안 옷에 들어갈 폴리에스터를 만드는 데 생겨나는 온실가스 양은 석탄발전소 185개와 맞먹는다.

럼 발암성 화학 물질을 사용하다 피해를 봐. 또한 이게 함부로 버려지면 독성 다이옥신이 나와 강이나 땅에 스며들지.

그뿐만이 아니야. 합성 섬유로 만든 옷은 세탁하면서 나오는 '미세플라스틱*'이 아주 큰 문제야. 미세플라스틱은 워낙 작아서 하수처리장에서 걸러지지 않거든. 바다로 흘러간 미세플라스틱은 플랑크톤이 먹고, 플랑크톤은 물고기의 먹이가 돼. 그렇게 물고기 안에 들어온 미세플라스틱은 빠져나가지지 않고 계속 쌓이지. 그리고 미세플라스틱이 쌓인 물고기는 언젠가 우리 식탁에 올라온단다.

보라의 물음표 05
환경을 파괴하지 않는 천을 만들 수는 없을까요?

기후 변화*의 심각성을 느끼는 사람들이 많아지면서 사람들은 점점 지구 환경을 생각하며 옷을 바라보기 시작했어. 패션 회사는 이러한 소비자의 마음을 재빠르게 알아채고 친환경적인 소재를 사용하려는 노력을 보였지. 아직 노력해야 할 부분이 많지만, 환경을 지키고 오염을 줄일 수 있는 소재를 만드는 새로운 기술이 개발되고 있어.

파인애플 이파리, 사과나 오렌지와 같은 과일의 껍질, 생선 껍질, 커피 찌꺼기, 해조류, 버섯 균사체까지. 우리 식탁에 오르는 음식 재료들이 옷이나 가방으로 만들어질 수 있단다. 이 재료들은 전부 땅에서 완전히 분해가 된다고 해. 게다가 아주 적은 물과 에너지로도 만들 수 있지.

물론 아직 갈 길이 멀지만, 이러한 섬유를 더욱 적극적으로 찾아내고 개발하려면 소비자인 우리가 지속해서 관심을 두고 지켜보는 것이 필요하단다. 이러한 재료로 패션 제품을 만들려면 더 많은 시간과 돈이 들어갈 수 있거든. 가격이 좀 비싸거나 유행을 타지 않는 제품이라도 환경을 해치지 않는 재료로 만들었다면 기꺼이 살 수 있는 소비자들이 많아져야겠지.

6.
버린 옷은 반드시 되돌아온다

숫자로 보는 의류 쓰레기

• 산처럼 쌓인 의류 폐기물 현장

전 세계는 1년에 얼마나 많은 양의 옷을 사고 있을까? 매년 1,000억 벌 이상의 옷을 쇼핑하고 있다고 해. 사람들이 옷을 많이 살수록 패스트 패션 시장도 점점 커졌지만, 그만큼 의류 쓰레기 문제 또한 더욱 심각해졌지. 매년 약 9천 2백만 톤의 의류 쓰레기가 만들어지고 있거든. 쇼핑의 천국 홍콩에서는 1년에 11만 톤의 의류 쓰레기가 생기기도 했는데, 이 양은 2만 5천 명이 들어가는 홍콩스타디움을 꽉 채울 정도의 양이라고 해. 우리나라는 어떠냐고? 우리나라의 의류 쓰레기는 하루에 보잉 747 비행기 무게와 같은 178톤이 생기고, 1년이면 6만 5천톤이야.

버려진 옷은 어떻게 처리될까? 태워 없애거나, 땅에 묻거나, 재활용된단다. 태워서 버릴 때는 그 과정 중에 온실가스가 발생해서 지구 온난화에 안

좋은 영향을 끼쳐. 사실 우리는 1초마다 트럭 1대 정도의 의류 쓰레기를 태우고 있지. 그리고 폴리에스터 같은 합성 섬유로 만들어진 옷을 땅에 묻으면 썩는 데만 500년, 즉 5세기가 걸린단다. 만약 폴리에스터 옷이 조선 시대에 만들어졌다면 그때 버린 옷이 이제야 땅에서 썩고 있겠지.

한마디로, 우리가 산 합성 섬유 옷 중에 자연스럽게 분해되어 없어진 옷이 한 벌도 없다는 소리야.

패스트 패션 옷은 만드는 데 고작 7일이 걸려. 그리고 그 옷을 우리가 사는 데 걸리는 시간은 대략 5분, 그다음 버려진 옷이 다시 자연으로 돌아가는 시간은 무려 500년이 걸린다는 말이지. 이처럼 짧은 시간에 만들어지고 팔리는 옷이 별 생각 없이 버려지면 지구 온난화, 토지 오염 등 다양한 방식으로 지구를 병들게 하고 만단다. 그럼, 망가진 지구를 되돌리는 데에는 얼마의 시간이 필요할까?

전혀 다른 차원의 위기, 기후 변화와 패션

결국 우리가 주목할 문제는 너무 많은 옷이 만들어지고, 이동하고, 소비되며, 버려진다는 점이야. 1년 동안 만들어지는 옷의 60퍼센트 이상이 쓰레기로 버려지고, 재활용되는 경우는 1퍼센트밖에 되지 않아. 합성 섬유건 천연 섬유건 이산화탄소를 만들어 내고, 엄청난 양의 물을 갖다 쓰지. 결국 우리의 옷은 만들어지는 과정부터 버려진 뒤까지 환경을 파괴하고 기후를 변화시키고 있는 거야.

언젠가부터 우리는 '기후 변화'란 단어를 자주 듣게 되었어. 쉽게 말하면 지구의 기온이 점점 높아지고, 그러면서 자연 생태계에 이상한 일들이 일어나고 있다는 뜻이지.

사실 지구의 기온이 올라간다는 건 지구를 조절해 주는 시스템이 무너지고 있다는 뜻이고, 이것은 엄청난 위기야. 정말 이 상태가 계속 진행되면 가뭄으로 식량과 물이 부족해질 수 있고, 바닷물 높이가 올라가면서 우리가 사는 땅이 물에 잠겨 사라질 수도 있단다.

보라의 물음표 06

지구를 위할 수록 나는 점점 불편해 지는 것 같아요. 환경을 위해서 불편을 감수하려는 사람이 많이 있을까요?

기후 변화가 돌이킬 수 없는 상황으로 접어드는 걸 막기 위해서 행동할 수 있는 시간이 대략 10년도 남지 않았다고 해. 당장 행동으로 옮기지 않으면 우리 세대 안에 지구가 더 이상 사람이 살기 힘든 곳이 되어 버릴지도 모른다는 뜻이야.

아직 우리가 기후 변화를 진짜 '위기'로 받아들이지 못해서 당장 불편한 일을 감수하고 싶지 않을 수도 있어.

하지만, 집이 물에 잠기고 땅이 사막이 되고 먹을거리가 사라지며 온갖 바이러스가 속출하는 일들을 우리가 직접 겪어야 비로소 위기라고 생각한다면, 너무 늦은 거 아닐까?

물론 우리는 지금까지 경제 성장을 목표로 살아왔어. 그 결과 끊임없이 자동화, 기계화되어 가는 편리한 세상 속에서 손쉽게 원하는 것을 가질 수 있게 되었지. 이러한 편리함에 익숙해진 우리가 그것을 스스로 포기하기란 결코 쉬운 일이 아닐 거야.

그러나 지금 당장 편하려고 기후 변화를 모른 척한다면, 머지않은 미래에는 우리가 죽느냐 사느냐에 대해 고민하게 될 거야. 지금은 지구의 기후와 자연 생태계를 되돌리는 일이 가장 중요해졌단다.

| 패션 리더 지구인의 세 가지 조건 02

"Love the earth."
알면 사랑하게 됩니다. 나와 연결되어 있는 지구를 사랑하세요.

우리가 서 있는 이곳, 지구를 느껴 본 적 있나요? 온갖 종류의 생명이 꿈틀거리는 아름답고 푸른 행성. 이 행성에는 놀라울 정도로 많은 생명이 서로 조화를 이루며 살아가고 있지요. 물론 그 안에는 인간인 '나'도 들어 있어요.

나와 지구의 모든 생명은 모두 각자의 자리에서 생태계의 질서를 지키며 서로 영향을 주고받고 있답니다. 그래서 어느 한 부분이 사라지거나 문제가 생기면 그 일은 도미노처럼 나에게도 닥치게 되지요. 하지만 오늘날의 사람들은 이 사실을 잘 모르는 듯합니다.

고대 문명이 발달했던 이스터 섬 이야기를 아나요?

이스터 섬은 제주도보다 열 배는 작은 크기의 섬이지만, 400년경에는 큰 키나무들이 1억 그루가 넘게 자라던 풍요로운 섬이었습니다. 많은 원주민이 땅에서, 바다에서 먹을 것을 얻으며 다양한 생물들과 함께 풍족한 생활을 했지요. 그런데 이곳이 점점 황폐해지기 시작했습니다. 이스터 섬의 원주민들이 고구마와 바나나를 재배한다고 나무들을 많이 베어 냈고, 돌고래 사냥에 필요한 배를 만들었지요. 게다가 '모아이'라는 거대한 석상을 수 없이 만들었는데, 원주민들은 석상들을 해안가로 옮기려고 나무를 더 많이 베었습니다. 게다가 서로 다른 부족끼리 더 큰 석상을 만들려고 경쟁을 했고, 그럴수록 나무는 사라져 가고 땅은 사막처럼 메말라 갔지요.

　이들은 섬 자체가 주는 풍요로움을 잊어버렸습니다. 이젠 배도 없어 돌고래 사냥도 못하자 사람들은 섬에 살던 새들을 잡아먹었습니다. 결국 새들도 사라지고 섬에는 아무것도 얻을 게 없어지자 원주민들끼리 살아남기 위한 전쟁이 일어났고, 식량 부족으로 서로를 잡아먹는 일까지 생겼습니다. 그렇게 이스터 섬의 문명은 처참하게 막을 내리고 말았습니다.

　이스터 섬과 비슷한 상황이 지금 우리 시대에도 벌어지고 있다면 어떨 것 같나요? 이 시대의 모아이 석상을 세우느라 정작 우리가 돌봐야 하고 고마워해야 하는 주변 환경을 거들떠보지도 않고 있지는 않나요? 지구가 병들어 가고, 생명 순환의 연결 고리가 끊기는 위험에 처했어도 내일 당장 누구보다 앞서가는 패션을 입어야 하고, 매일 새 옷을 자랑해야 할까요?

　아직 우리는 이스터 섬의 원주민들과 다른 선택을 할 수 있습니다.

우리의 선택, 슬로 패션

1. 내가 실천하는 슬로 패션 – 옷장의 옷들 편
2. 내가 실천하는 슬로 패션 – 쇼핑 편
3. 지구를 생각하는 패션 회사들
4. 지구 온난화를 막기 위한 국제 사회의 노력
5. 패스트 패션을 반대하는 환경 단체와 운동가들

패션 리더 지구인의 세 가지 조건 03 | "Show your message."

1.
내가 실천하는 슬로 패션 - 옷장의 옷들 편

(1) 슬로 패션*은 옷 정리부터! - 입을 옷, 안 입을 옷, 버릴 옷

"저는 이번 이야기를 통해서 '패스트 패션'이라는 단어를 처음 알았어요. 그리고 내가 입는 대부분의 옷이 패스트 패션이라는 것도 알게 되었지요. 저는 지구를 괴롭히고 싶은 마음이 눈곱만큼도 없어요. 패스트 패션이 많은 문제를 일으킨다는 사실을 진작 알았다면 지금처럼 쇼핑하지도 않았을 거예요.

다행히 패스트 패션만 있는 게 아니고 슬로 패션도 있다는 것을 알았어요. 슬로 패션은 말 그대로 패스트 패션과 반대의 뜻을 가지고 있지요. 유행과 속도, 가격보다는 옷이 우리와 지구 환경에 나쁜 영향을 끼치는지 아닌지를 더 중요하게 고민하는 패션이래요."

"처음에 패스트 패션이 가진 문제점들을 알고는 아무것도 할 수가 없었어요. 처음으로 쇼핑하러 가기 싫었고, 옷을 사고 싶지도 않았지요. 이제 무엇을 해야 하나 고민하던 중에 슬로 패션에 대해 알게 되

없고, 옷을 오래 아껴 입는 것을 뜻하는 슬로 패션을 실천하기로 했어요. 그리고 큰맘 먹고 옷 정리부터 시작했지요."

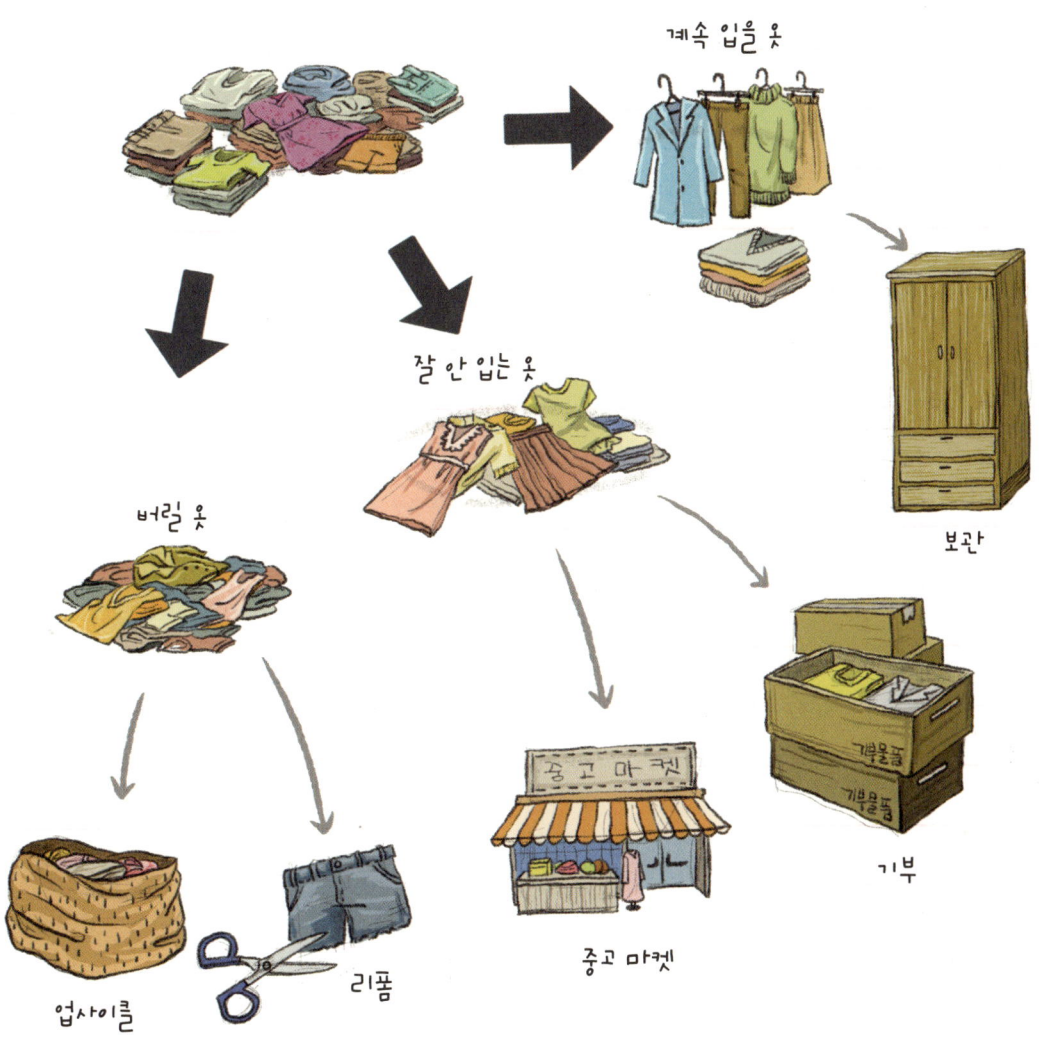

집에 있는 옷들을 전부 모아 거실에 쌓아 놓는다. ⇨ 버릴 옷, 잘 안 입는 옷, 계속 입을 옷으로 나눈다. ⇨ 잘 안 입는 옷은 기부와 중고 마켓, 물물교환 등의 방식으로 정리한다. ⇨ 버릴 옷은 집에서 리폼과 업사이클을 통해 재활용할 수 있는지 고민한다. ⇨ 잘 입는 옷은 오래 입기 위해 세탁과 보관에 관심을 기울이고, 수선해 가며 오래오래 입는다.

| 슬로패셔니스타 보라네 집의 세탁 꿀팁

1. 옷을 자주 세탁하지 않고, 통풍이 잘 되는 곳에 걸거나 부분 세탁한다. (옷에 묻은 먼지 없애려다 더 나쁜 세제 찌꺼기가 붙어요.)
2. 세제는 친환경 세제를 사용한다. (세제 없이 '세탁 볼'만으로도 세탁할 수 있어요.)
3. 옷을 뒤집어 빨거나 빨래망을 사용하고, 절약 모드로 세탁한다. (옷이 빨리 상하지 않아서 오래 입을 수 있어요.)
4. 옷에 붙어 있는 세탁 방법을 확인해서 세탁하고, 옷을 살 때는 간단하게 세탁할 수 있는 옷들 위주로 선택한다. (드라이클리닝이 필요한 옷은 최소한으로 줄여요.)

(2) 벼룩시장, 중고 마켓, 기부 – 빌려 입고, 나눠 입고, 물려 입고, 다시 입고

"슬로 패션을 실천하자고 마음먹은 뒤부터는 처음 하는 일이 많아졌어요. 엄마와 동네 벼룩시장에 참가한 것도 처음이었고, 온라인 중고 마켓에 옷을 등록해서 팔아 본 것도 처음이었어요. 가장 좋았던 것은 벼룩시장에서 또래 친구를 사귄 일이에요. 그 친구는 이미 오래전부터 슬로 패션을 실천하고 있대요. 우린 다음에 만나서 안 입는 옷을 같이 리폼하기로 했어요."

"벼룩시장과 중고 마켓은 보라와 경제 활동을 체험하기에도 더할 나위 없이 좋았어요. 하지만 저를 가장 기쁘게 한 일은 바로 '기부'예요. 그 누구보다 우리 옷이 간절히 필요한 사람들에게 보내지는 걸 보며 진정으로 뿌듯한 감정이 뭔지를 비로소 알게 되었지요."

옷을 기부하는 건 매우 가치 있는 일이야. 다만, 옷을 기부할 단체를 고를 때에는 매우 신중해야 해. 옷이 제대로 전달되고 있는지, 옷으로 생겨나는 수익금 내용이 투명하게 공개되고 있는지 잘 확인한 뒤 결정해야 하지. 잘못하면 내가 좋은 의도로 기부한 옷이 아프리카 사람들에게 아주 비싼 값으로 팔리게 될지도 모르거든. 또한 기부한 옷의 87퍼센트가 쓰레기 소각장에서 태워진다고 하니 내가 보낸 옷이 필요한 사람에게 적절하게 전달되고 있는지 꼼꼼하게 살펴보아야 한단다.

기부는 단체마다 기증 방법이 달라서

홈페이지나 전화로 방법을 확인하는 것이 좋아. 직접 찾아가 기부할 수도 있고, 무료 방문 수거, 택배 발송을 통해 할 수도 있지.

국내 중고 옷 기부 단체
아름다운 가게 http://www.beautifulstore.org
옷캔 http://otcan.org

(3) 옷은 원래 고쳐 입는 것 – 수선

"전에는 옷이 조금이라도 찢어지거나 얼룩이 생기면 당연히 버려야 한다고 생각했어요. 하지만 이번에는 엄마와 수선집을 찾아갔지요. 작년 겨울, 패딩이 전기난로에 타면서 구멍이 생겼거든요. 솔직히 이전의 저라면 진작 새 패딩을 샀을 거예요. 사실 역시즌 기간에는 한여름에 패딩을 50퍼센트 이상 세일하거든요. 하지만 이제는 옷을 쉽게 살 수가 없어요. 제가 패딩을 한 벌 살 때 거위 25마리가 고통 받는다는 사실을 알게 되었으니까요. 솔직히 고치지 못할 거로 생각했지만, 괜한 걱정이었지요. 감쪽같이 고쳐주셨거든요! 게다가 소매 길이도 늘여 주셨답니다. 단돈 몇천 원으로 새 옷이 생긴 기분이에요!"

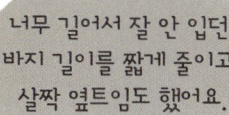

(4) 리폼, 다시 태어난 티셔츠

보라가 벼룩시장에서 만난 친구와 함께 낡은 티셔츠를 리폼하기로 했어. 과연 버리려고 했던 티셔츠가 무엇으로 변신했을까?

• **보조 가방 만들기**

"처음 리폼에 도전한다면 만들기 가장 쉬운 '보조 가방'에 도전해 보세요. 필요한 건 오직 두 가지뿐, 안 입는 티셔츠와 가위만 있으면 된답니다!"

① 안 입는 티셔츠를 점선대로 잘라 준다.

② 어깨 끈 부분이 손잡이다.

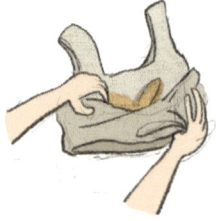

③ 티셔츠를 뒤집는다.

④ 아랫부분을 그림처럼 10cm 정도 잘라 준다.

⑤ 앞뒤 끈을 두 번씩 묶어 주고, 옆의 끈끼리도 연결해서 묶는다.

⑥ 다시 뒤집으면 가방 완성!

2.
내가 실천하는 슬로 패션 - 쇼핑 편

(1) 탄소 발자국 계산하기

우리는 마음에 드는 옷을 발견하면 옷의 가격표부터 확인해. 그리고 가격이 적당하다 생각하면 계산대로 들고 가지. 그런데 잠깐. 여기서 우리가 놓치고 있는 것이 하나 있어. 뭐냐고? 바로 '탄소 발자국*' 말이야.

탄소 발자국이 뭐냐고? 우리가 모래밭이나 땅 위를 걸을 때 발자국을 남기는 것처럼, 우리가 물건을 만들고, 사고, 사용하고, 버릴 때는 이산화탄소를 남긴단다. 우리는 이것을 탄소 발자국이라고 부르고 있어.

예를 들면, 19,000원짜리 보라 청바지의 탄소 발자국은 대략 33.4kg 정도야. 이것은 목화를 만드는 것부터 시작해 옷을 매장에 옮길 때까지 나오는 이산화탄소의 양이지. 단순히 가격표만 보면 19,000원이지만, 사실은 거기에 33.4kg의 이산화탄소라는 환경비용*을 보태야 하는 거야.

만약 네가 만든 33.4kg의 탄소 발자국을 줄이고 싶다면, 너는 1년 동안 나무 다섯 그루를 심어야 해. 또, 우리는 다른 다양한 행동으로도 탄소 발자국을 줄일 수 있지. 새 옷을 사지 않고 집에 있는 옷을 9개월만 더 입으면 탄소 발자국을 30퍼센트 줄일 수 있고, 옷을 버리지 않고 고쳐 입으면

청바지 한 벌로 설명하는 탄소 발자국

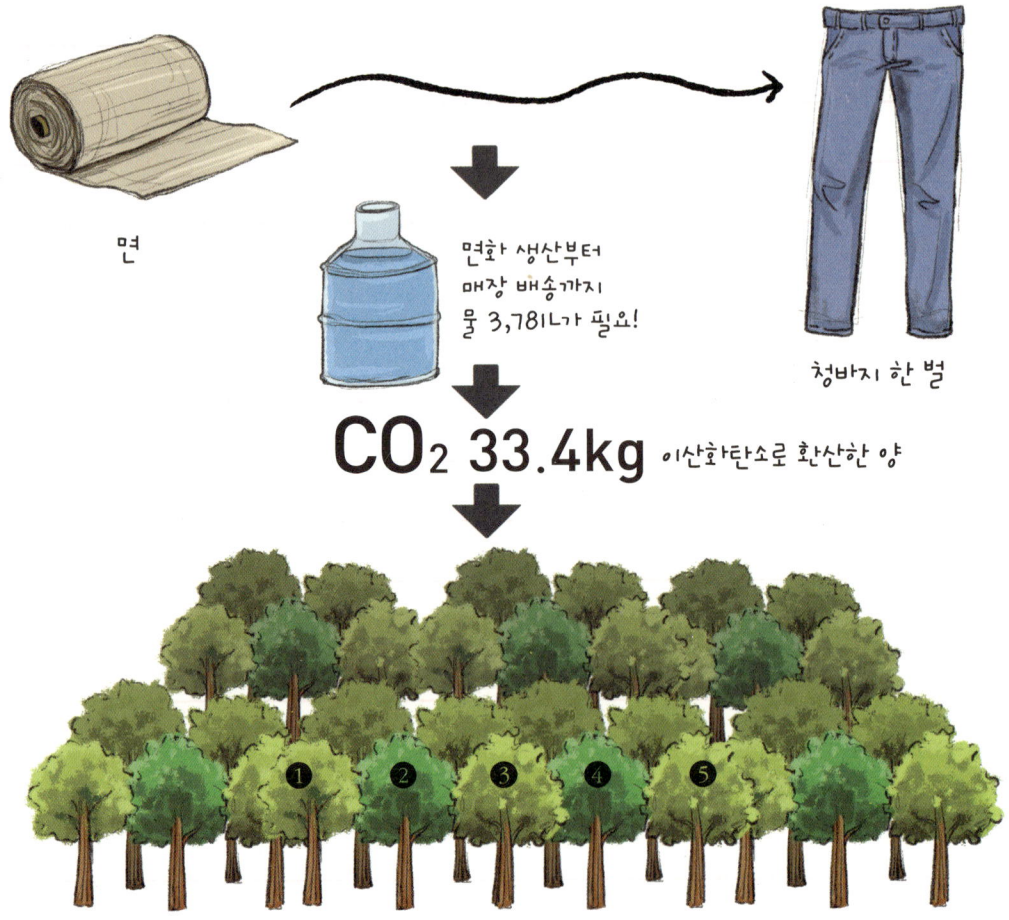

면

면화 생산부터 매장 배송까지 물 3,781L가 필요!

청바지 한 벌

CO_2 33.4kg 이산화탄소로 환산한 양

33.4kg의 탄소 발자국을 지우려면 5그루의 소나무가 필요!

25퍼센트 줄일 수 있어. 그 밖에도 더운물 대신 찬물로 세탁하면 10퍼센트가 줄고, 건조기 대신 빨랫줄에 말리거나, 새 옷 대신 중고 옷을 사면 탄소 배출의 70퍼센트까지 줄일 수 있단다.

> 내 옷장의 탄소 발자국이 얼마나 되는지 알고 싶니?
> 아래 사이트에 접속해 봐.
> '패션 탄소 발자국 계산기'
> https://www.thredup.com/fashionfootprint

(2) 녹색 거짓말 분별하기

'녹색 거짓말', '그린워싱'이란 말 들어 봤니? 이 말은 친환경과는 거리가 먼 회사가 마치 자신들이 친환경을 실천하는 회사인 척하며 사람들을 속이고 홍보한다는 뜻이야. 또 다른 말로는 '위장환경주의'라고도 하지.

사람들이 점차 환경에 관심을 기울이니깐 많은 회사들이 '친환경', '재활용', '지속 가능*'이라는 단어를 무분별하게 사용하기 시작했어. 많은 상품이 친환경적인 이미지와 광고 문구로 우리를 안심시키려 하지만, 과연 다 믿을 만한 것들일까?

- 지속 가능하고, 의식 있는 패션?

언젠가 보라와 엄마가 '지속 가능한 의류' 코너에서 산 스웨터는 알고 보니 녹색 거짓말을 한 가짜 친환경 스웨터였어. 지속 가능한 스웨터라 쓰여 있길래 천연 소재가 70퍼센트는 들어 있을 거로 생각했지만, 라벨을 확인해 보니 울은 4퍼센트만 들어 있었어. 이 스웨터는 폴리에스터,

폴리아미드와 같은 플라스틱 섬유가 나머지 96퍼센트를 차지했어. 그렇다고 재생 섬유도 아니었지. 그렇다면 조금 들어 있다는 울이 양들을 학대하지 않고 얻어낸 털 아니겠냐고? 그건 확인할 방법이 없어. 그와 관련된 어떠한 인증 마크나 설명도 찾을 수 없었거든.

- **텀블러와 에코백을 모으는 게 취미라고?**

텀블러를 만들 때 배출하는 온실가스가 일회용 컵보다 훨씬 더 많다는 거 아니? 하나의 텀블러가 환경을 지키는 효과를 내려면 대략 1,000번 이상은 사용해야 한다는 것을 명심하렴. 디자인에 질렸다고 다른 텀블러로 바꿀 생각은 하지 않기야.

에코백은 환경 보호를 위한 '착한 사은품'으로도 많이 이용되지만, 이 가방은 적어도 131회 이상 사용해야 일회용 비닐봉지보다 친환경적이라고 말 할 수 있어. 한 연구에서는 면으로 된 에코백이 적어도 7,100번은 사용되어야 만들어지면서 생겨난 오염을 회복시킬 수 있다고 밝혔단다.

● 재생 플라스틱보다 제로 플라스틱으로!

재생 플라스틱으로 만든 옷들이 요즘 우리 눈에 자주 띄지. 환경을 생각하는 패션이 또 하나의 유행이 되면서 '재활용'한 옷이 박수 받는 건 충분히 이해돼. 하지만, 중요한 건 '재활용'이라는 말로 우  리의 책임감이 덜어져선 안 된다는 거야. 옷으로 재활용이 되니까 페트병을 많이 써도 괜찮은 걸까? 아니지. 페트병을 잘 분리수거해서 재활용되게 하는 것보다는, 처음부터 페트병 쓰레기를 만들지 않으려는 태도가 더 중요한 거야.

● 헌 옷 주고 새 옷 할인 쿠폰 받아 가라고?

어떤 패션 브랜드는 '헌 옷을 매장에 가져오면 새 옷 할인 쿠폰을 제공한다.'고 말하며 친환경 광고를 했어. 하지만 이건 친환경 이미지를 이용해서 옷을 더 사게 만드는 홍보 수단일 수 있단 다. 실제 기증한 옷의 대부분이 비행기에 실려 아프리카 대륙에 도착한 후 땅속에 묻힌대. 물론 이 옷들은 대부분 미세플라스틱인 합성섬유로 만든 옷들이지.

• 천연 섬유 '비스코스 레이온'은 친환경적이다?

우리가 천연에서 얻었다고 말하는 섬유 중에는 레이온이 있어. 인견이라고도 말하고, 비단과 비슷한 느낌이지. 이것은 나무에서 화학적인 방법으로 섬유를 뽑아 천으로 만든 것이야. 나무에서 나온 것이라 천연 섬유라고 말하지만, 사실 이것은 만들어지는 과정 중에 이황화 탄소라는 유독 가스가 공기로 나가고, 만드는 방법 또한 매우 위험해서 일하는 사람들의 건강에 심각한 문제가 발생하고 있단다. 일하는 사람들을 죽음과 질병으로 몰고 공해를 유발하는 위험한 섬유지만, 여전히 사람들은 레이온으로 만든 옷을 즐겨 입어.

(3) 착한 옷 인증 마크 확인하기

인증 마크는 우리가 좀 더 윤리적이고 친환경적인 소비를 할 수 있게 도움을 줘. 마음에 드는 옷이 유기농 재료로 만들어졌는지, 공정한 노동 거래가 이루어졌는지, 옷을 가공하고 옮기고 판매하고 버려지는 전 과정이 환경을 고려하고 있는지 아닌지 확인할 수 있지.

물론 인증 마크가 모든 것을 말해 주지는 않아. 하지만 이것을 확인하고 옷을 살지 말지 결정하는 소비 습관은 착한 소비를 위한 첫걸음이 될 수 있어. 알아 두면 도움 되는 인증 마크를 몇 가지 소개할게.

OCS:
오가닉 콘텐츠 스탠더드(Organic Contents Standard)
목화가 씨앗일 때부터 유전자 조작이 된 것인지 확인하며, 농작 과정에서 농약이나 화학 물질 사용을 했는지 조사한다. 이 마크를 받기 위해서는 3년 이상 농약이 사용되지 않은 땅에서 목화를 재배해야 한다.

GOTS: 국제오가닉섬유기준(The Global Organic Textile Standard)
비료와 살충제를 사용하지 않고 키운 목화로 만들며, 옷이 버려질 때까지 자연 친화적으로 이루어진 제품만이 이 인증을 받을 수 있다.

RDS: 책임다운기준(Responsible Down Standard)
옷을 위해 사용된 깃털이 인도적이고 윤리적인 방법으로 채취되었다는 것을 증명한다. 깃털 생산과 관련된 모든 유통 과정을 추적하고, 거위의 먹이, 건강, 위생 등 생활 환경을 관리한다. 특히 1년에 한 번씩 검사를 새로 해서 유럽, 아시아, 북아메리카에 분포된 1,200곳 사육장에서 약 5억 마리의 조류가 보호받고 있다.

국제공정무역(Fairtrade standards)
국제 공정무역 기준을 지킨 제품에 주는 인증 마크. 실을 만들고, 직조하고, 천을 만들어 염색까지 하는 생산 과정에 들어가는 모든 화학 물질을 엄격하게 검사하고 폐수와 배기가스 배출량을 심사하는 등 여러 과정을 모두 거쳐야 하는, 인증받기 까다로운 마크이다. 특히 노동 조건과 안전한 노동 환경까지 고려해야 하므로 노동자의 삶의 질이 나아지는 데에도 앞장서고 있다.

GRS: 글로벌 리사이클 스탠더드
(Global Recycled Standard)
옷의 시작부터 완성까지 매 단계마다 친환경 재생 섬유가 얼마나 들어갔는지 확인할 수 있는 제품에 주는 인증 마크이다. 제품 소재에 최소 20퍼센트 이상의 재활용 소재가 들어가 있어야 받을 수 있다.

3.
지구를 생각하는 패션 회사들

환경을 생각하는 세계적인 의류 회사, 파타고니아

2020년, 아웃도어 옷을 주로 파는 회사 '파타고니아'가 UN이 주는 '지구환경 대상'을 받았어. 이 상은 환경에 좋은 영향을 미친 사람이나 단체에 주어지는데, 어떻게 패션 회사가 상을 받을 수 있었을까?

알고 보니, 이 회사는 처음부터 환경을 먼저 생각해온 회사였어. 물건을 만들고, 옮기고, 파는 과정에서 당장 부딪히게 되는 환경 문제를 그냥 넘어가지 않았지. 그러다 보니, 환경 파괴, 생물 다양성의 상실, 동물 학대, 노동권 문제 등을 해결하기 위한 활동을 많이 해 왔어. 결국 지금은 기업의 성장과 친환경적인 운영이 모두 성공적으로 이루어지고 있다고 해. UN은 이것이 다른 회사들의 본보기가 될 만한 성과라고 평가했단다.

"우리 회사는 우리의 터전인 지구를 되살리기 위해 옷을 만들어 팝니다. 그래서 오래전

파타고니아 창립자, 환경운동가 이본 쉬나드

부터 지구 환경을 해치지 않으며 옷을 만드는 방법을 고민해왔지요. 그 결과 지금은 유기농 순면과 학대받지 않는 거위 털을 사용하고 있으며, 공정무역*으로 물건을 만들어 팔고 있습니다. 또한 플라스틱 줄이기 환경 캠페인을 꾸준히 하고, 합성 섬유는 되도록 재활용 제품을 사용하고 있지요. 특히 폴리에스터 옷감은 버려진 플라스틱을 이용하고 있어요. 또, 전국을 다니면서 낡은 옷을 고쳐 주면서 '사지 말고, 오래 입자'라는 회사의 메시지를 널리 알리고 있습니다. 그뿐만이 아닙니다. 우리 회사는 스스로 '지구세(Earth Tax)'라는 세금을 만들어 매년 벌어들이는 돈의 1퍼센트를 기부하고 있습니다. 이렇게 모인 돈은 자연환경을 보존하고 복구하는 데에 쓰고, 수많은 환경 단체와 운동가들에게 지원되고 있습니다."

● 파타고니아는 디자인 단계부터 자투리 천을 줄이려 노력한다. 위의 사진은 자투리 천으로 만든 파타고니아 에코백

공정무역의 원칙을 지키는 패션 브랜드, 그루

우리나라에는 '아름다운 가게'나 '생협(생활협동조합)' 등을 통해 공정무역*이 제법 들어와 있어. 하지만 패션 분야에는 아직까지 좀 낯선 편이야. 우리나라에 가장 처음 생겨난 공정무역 패션 브랜드 '그루'는 패션과 생활용품을 공정 무역으로 만들어 선보이고 있어.

이 회사는 네팔, 방글라데시, 인도, 모로코 등 25개의 여러 나라 여성들과 파트너 관계를 맺고 함께 일하고 있는데, 일하는 사람들은 면이나 마, 울, 실크 같은 자연에서 얻은 재료를 갖고 수공업과 전통 기술을 이용해 물건을 만들지. 이 회사는 공정무역의 다섯 가지 원칙을 세워 지키고 있는데, 그 내용은 아래와 같아.

첫째 | 생산자에게 공정한 임금을 주고, 지속 가능한 일자리를 제공한다.
둘째 | 그 나라의 전통 기술과 다양한 문화를 보호하고 지킨다.
셋째 | 일하는 환경이 안전해야 한다.
넷째 | 환경과 건강을 지킨다.
다섯째 | 윤리적 소비로 이끈다.

페어트레이드코리아 이미영 대표

"제가 환경운동가로 일할 때, 가난한 나라에 사는 여성들의 소원이 '밥을 두 끼씩 꼬박꼬박 먹고, 아이들을 학교에 보내는 것'이었어요. 그때 저는 그 여성들이 스스로의 힘으로 계속 돈을 벌며 살아갈 수 있게 돕고 싶었지요. 그리고 오랜 고민을 해 오다가 이 회사를 만들었습니다. 공정무역 회사인 만큼 저희는 일하는 분들의 환경에 관심을 두고 집에 자주 방문해서 임금은 잘 받는지, 이 일을 통해 받고 있는 도움은 무엇인지, 어려운 점은 없는지 꾸준

• 옷을 만드는 사람과 입는 사람의 삶의 질을 높이고자 하는 공정무역 패션 브랜드 '그루'

히 확인하고 있답니다. 이 분들은 대부분 수공예품을 직접 만듭니다. 수공예품은 적은 돈으로도 시작할 수 있고, 일을 한 대가가 그들의 손에 직접 들어갈 수 있다는 이점이 있습니다."

쓰레기를 명품으로 재탄생시킨 디자이너, 프라이탁 형제

물건을 다시 사용하는 리사이클링이나 물건을 새롭게 디자인해 다른 물건으로 탄생시키는 업사이클링은 버려질 물건에 다시 생명을 불어넣는 아주 멋진 일이야. 특히 업사이클링은 우리의 상상력과 기술만 있다면 만들어 내는 데에 한계가 없어. 낡은 천 조각을 모아 커다란 담요를 만들 수 있고, 타이어로 신발 밑창이나 슬리퍼를 만들기도 해. 그리고 트럭 덮개 방수천으로 가방을 만들 수도 있어. '프라이탁' 형제들처럼 말이야.

"우리는 버려진 트럭 덮개 방수천을 업

프라이탁 형제

• 트럭 방수천으로 만든 프라이탁 가방

사이클링해서 아주 튼튼한 가방을 만들었어요. 비 오는 날 가방을 메고 자전거를 타도 젖지 않는 가방을 갖고 싶었거든요. 우리는 쓰레기로 버려져 있던 트럭 방수천을 보고 가방 천으로 안성맞춤이라 생각했지요. 결국 아무도 거들떠보지 않던 쓰레기가 '비에 젖지 않는 가방'이라는 새로운 가치로 탄생했답니다. 저희는 버려진 자동차 안전벨트를 활용해서 가방끈을 만들고, 방수포를 처음 씻을 때는 빗물을 모아서 쓰고 있어요."

비건 패션의 선두에 선 디자이너, 스텔라 맥카트니

스텔라 맥카트니

많은 사람이 동물의 권리에 관해 관심을 쏟기 시작하자, 패션 회사들도 비건 패션을 실천하기 시작했어. 세계적 패션 기업 '버버리'와 '구찌'는 모피를 사용하지 않겠다는 '퍼프리' 선언을 했고, 아웃도어 패션 브랜드에서도 학대 받지 않은 오리털을 사용한 패딩을 만들기 시작했지. 비건 패션의 맨 앞에 서서 이를 적극적으로 알리고, 끊임없이 새로운 방향을 제시하는 여성 디자이너이자 회사 대표인 '스텔라 맥카트니'의 이야기를 들어 봐.

"저는 동물과 지구를 사랑하는 디자이너예요. 그래서 비건 패션을 실천하고, 사무실과 매장에서는 재생 가능한 에너지를 쓰고 있지요. 우리 회사는 동물의 털과 가죽으로는 옷을 만들지 않아요. 대신 비슷한 느낌이 나는 소재를 많이 개발하고 있지요. 예를 들면, 옥수수 섬유로 가짜 털을 만들고, 폴리에스터로 캐시미어를 만들어요. 버섯 균사체를 키워 가죽을 만들기도 하고, 나일론과 같은 섬유는 재생 나일론을 사용합니다. 물론 쉬운 일은 아니에요. 하지만, 패션이 환경과 동물을 사랑하고 존중해야 한다는 저의 생각은 변함이 없습니다."

• 퍼 프리 표시가 들어간 스텔라 맥카트니 제품

4.
지구 온난화를 막기 위한 국제 사회의 노력

'기후 변화 협약'과 'IPCC 1.5℃ 특별보고서'

• 2015년 파리 기후 변화 협정을 맺기 위해 모인 각 나라 대표들

　세계 각 나라는 지구가 '기후 변화'라는 매우 심각한 병을 앓고 있다는 사실을 깨달았어. 그래서 각 나라를 대표하는 사람들이 한자리에 모여 다 같이 이 위기를 벗어나기로 마음을 모았지. 그렇게 해서 만들어진 게 바로 '기후 변화 협약'이야.

　가장 최근에 열렸던 2015년 '파리 기후 변화 협약*'은 195개의 나라가 참여해서 앞으로 얼마나 온실가스를 줄일 것인지 각각 목표를 정하고 이를 지키기로 약속한 협약이야. 이 협약에 참여한 나라는 매년 모여서 서로 약속을 잘 지키고 있는지 의견을 나누고 있지.

파리 기후 변화 협약 이후에는 전 세계 과학자와 전문가들이 모여 기후 변화에 대해 과학적으로 정리한 〈IPCC* 1.5°C 특별 보고서〉를 발표했는데, 이 보고서를 읽고 난 뒤 영국, 프랑스 등 10개 정도의 나라와 900개 정도의 지방 정부*가 비상 선언을 발표했단다.

이 보고서는 기후 변화로 얼마나 끔찍한 일들이 일어나는지 소개하고, 이를 되돌리지 못할 정도로 최악의 상황이 되지 않게 하려면 우리가 매우 적극적이고 과감하게 변해야 한다고 말하고 있어. 2050년까지는 탄소 순 배출을 0퍼센트로 만들어야만 하고, 2030년에는 2010년에 비해 탄소 배출을 45퍼센트나 줄여야만 하지.

그리고 과학자와 전문가들은 패션 산업도 변화가 필요하다고 말했어. 그들은 1년 동안 패션 산업이 이산화탄소를 얼마나 내보냈는지 살펴봤고, 그 양이 전 세계가 내보내는 이산화탄소량의 10퍼센트를 차지한다는 걸 알게 되었지. 이건 국제 비행기나 화물선이 내보내는 온실가스를 합한 것보다 많은 양이야. 다른 보고서에도 옷과 신발을 만들 때 배출되는 온실가스 양이 1년에만 약 40억 톤이라고 했거든. 이것만 봐도 패션 산업이 지구 온난화에 끼치는 영향은 결코 작은 게 아니야.

패션 산업을 위한 기후 행동 가이드북

• UN이 만든 패션 산업을 위한 기후 행동 가이드북

기후 변화 협약에 참여한 나라는 'COP*'라는 이름으로 매년 모여서 회의를 하고 있어. 지난 2018년에는 이 회의 기간에 패션산업 헌장을 발표했는데, 패션 산업에서도 2030년까지 탄소 배출량을 30퍼센트 줄이고, 2050년까지는 0퍼센트를 목표로 하겠다는 내용이 들어 있지. 사실 패션 산업이 2030년까지 배출할 온실가스가 50퍼센트 급증할 거라는 전망이 있기에 이 헌장의 내용은 아주 중요하게 다가왔어. 다행히 많은 패션 분야 관계자들이 헌장에 서명하고 헌장에 적힌 원칙을 지키기 위해 서로 노력하기로 했지. 그 뒤 UN에서는 이 헌장의 내용을 기본으로 '패션 산업을 위한 기후 행동 가이드북'을 만들었단다. 여기서 제안하는 내용을 한번 살펴볼까?

1. 에너지 효율을 높이는 행동에 협력사가 동참한다.
2. 유기농 면이나 재활용 폴리에스터 등 환경에 해를 최대한 덜 끼치는 소재를 활용해 물건을 디자인하고, 재료 에너지 효율을 높인다.
3. 생산자, 공급자가 에코 제품이나 재생 가능한 전기를 사용할 수 있게 지원한다.

4. 물건을 운반할 때 환경 영향력이 낮은 운송 수단으로 바꿔 연료 효율을 높이거나 지속 가능한 연료를 사용한다.
5. 재활용, 재사용 등 물건의 수명을 연장하는 방법으로 물건을 대한다.

물론 아직 가야 할 길은 멀지만, 패션 산업에서 일하는 사람들이 책임감을 느끼고 한 사람 한 사람 지속해서 참여한다면 차츰 변화가 나타날 거라 기대해. 다만, 이들이 겉으로 약속만 해 놓고 기후 행동은 게을리할 수도 있으니, 소비자인 우리가 끊임없이 감시하고 비판의 목소리를 내야 한다는 점을 잊지 말자!

5.
패스트 패션을 반대하는 환경 단체와 운동가들

(1) 캠페인

• 패션레볼루션의 해시태그 캠페인

'#누가 내 옷을 만들었을까? 캠페인': 독일의 비영리단체*인 '패션레볼루션'은 방글라데시의 라나플라자 붕괴 사고를 기억하고, 같은 일이 다시 일어나지 않기 위한 캠페인을 시작했어. 캠페인은 SNS를 통해 내가 지금 입고 있는 옷의 상표를 사진 찍어 보여 주고, 그 브랜드를 향해 질문하는 거야. 해시태그(#)와 함께 '#누가 내 옷을 만들었을까?(#Who made my clothes?)'라고 말이야. 이 캠페인은 소비자인 우리가 패션 회사에 직접 질문을 던져서 '우리는 옷이 만들어지는 과정을 지켜보고, 투명하게 일하는 회사를 지지한다'는 뜻을 전달하는 데 의미가 있지.

(2) 퍼포먼스

• 한 명품 브랜드를 향해 '퍼프리' 퍼포먼스 시위를 하는 사람들

비건 패션으로 시선을 돌리게 한 '퍼프리 (Fur-free) 퍼포먼스': 모피 옷을 위해 심각한 동물 학대가 일어난다는 사실이 세상에 알려지게 되자, 모피 반대 운동이 활발하게 일어났어. '퍼프리 운동'이라고 말하는 이 시위는 특히 많은 사람이 길거리 퍼포먼스에 참여해 주목을 많이 받았지. 유명한 영화배우나 스포츠 스타들도 적극적으로 참여했는데, '모피를 입느니 차라리 벗고 다니겠다'면서 윗도리를 벗거나 온몸에 페인팅을 칠한 채 거리 운동에 참여하기도 했지. 이와 같은 퍼포먼스는 당연히 사람들과 패션 회사의 관심을 받기에 충분했어.

지속적인 퍼프리 퍼포먼스는 모피 사용에 대한 패션계의 시각을 점차 바꿔 놨어. 구찌, 프라다, 샤넬, 버버리 등 유명 명품 브랜드가 '퍼프리 선언'을 했고, 엘리자베스 2세 영국 여왕도 오랫동안 사랑했던 모피를 입지 않기 시작했지. 이처럼 사람들의 이목을 끄는 강력한 퍼포먼스는 때로는 자극적이고 지나치다는 비판을 받기도 하지만, 우리의 메시지를 전달하는 데 강력한 힘을 발휘하기도 해.

(3) 시위

• 런던패션위크 반대 시위를 하는 환경 단체, '멸종저항'

'**런던패션위크 반대 시위**': 기후 변화를 막기 위해 활동하는 '멸종 저항'이라는 이름의 단체는 그동안 줄곧 '런던패션위크 반대 시위'를 벌여 왔어. 그들은 런던패션위크가 패스트 패션과 소비를 부추기는 역할을 하고 있다고 비판해 왔지. 결국 그들은 영국패션협회에 런던패션위크를 취소하라는 공개 편지를 보내고, 런던패션위크를 반대하는 의미로 길거리에 '우리의 미래'라는 단어가 적힌 관을 들고 나타나 시위를 벌였어. 당연히 많은 사람의 주목을 받았고, 그들의 메시지를 전하기에 충분했지.

(4) 교육

'**제인 구달**' **박사의** '**뿌리와 새싹**' **프로그램**: 제인 구달 박사가 만든 이 프로그램은 우리가 매일 입고 먹기 위해 무언가를 사는 행동이 지구에 어떠한 영향을 끼칠지에 대해 생각해 보게 해.

'이 물건은 어디에서 만들어진 걸까?', '만들 때 아동 노동 착취나 동물실험이 있었을까?', '이 물건이 환경에 피해를 주고 있나?' 등의 질문을 던지며 다양한 활동을 통해 깊이 생각해 보게 하지.

• 국내 '뿌리와 새싹' 프로그램은 '생명다양성재단'에서 운영하고 있다.

현재 이 프로그램은 유치원 아이들부터 대학생들까지 모두 참여할 수 있고, 약 139개의 나라에서 10만 개 정도의 팀이 활동하고 있어. 대부분 '남을 돕기', '동물 구하기', '환경 보호'를 주제로 한 다양한 프로젝트를 진행하고 있단다.

패션 리더 지구인의 세 가지 조건 03

"Show Your Message."
당신의 목소리는 힘이 있습니다.
지구를 위한 당신의 메시지를 보여 주세요.

우리는 다양한 방법으로 이 세상에 나의 의견을 전달할 수 있습니다. 몸에 걸치는 옷을 통해 전하고 싶은 메시지를 드러내기도 하고, SNS에 짧은 문장을 올릴 수도 있지요. 또, 물건을 사거나 반대로 사지 않는 방식으로 물건을 만든 회사에 대한 나의 의견을 전하기도 합니다.

얼마 전 어느 명품 브랜드 회사에서 고급 브랜드의 이미지를 지키기 위해 창고에 보관 중이던 패션 제품들을 전부 불태웠는데, 그 금액이 약 1,363억 원 정도였다고 합니다. 그리고 다른 명품 의류 회사들도 이처럼 남아 있는 옷들을 불태워 처리한다는 사실이 알려지면서 사람들은 분노와 실망감을 느꼈지요. 엄청난 환경오염과 자원 낭비를 일으켰으니까요. 많은 사람이 그 회사의 옷을 사지 않거나, 비판의 목소리를 높였습니다.

지구 환경은 개인의 노력만으로는 지켜 내기 힘든 게 사실입니다. 그래서 정부와 기업과 단체들이 근본적인 원인을 찾아내 조직적으로 문제를 해결해야 하지요. 또, 우리 개인들은 이들이 자신의 의무를 다하고 있는지 끊임없이 감시하고 적극적으로 의견을 전달해야 합니다. 때로는 응원도 아끼지 말고요. 우리의 관심이 지속적이지 않다면 이들은 경제적 이익이나 정치적 이유를 핑계 삼아 고개를 돌려 버릴 수도 있답니다.

기억하세요. 우리는 정부나 기업에 얼마든지 질문하고 요구할 수 있습니다. 좀 더 노력해 달라고, 왜 잘못했냐고, 고쳐 달라고, 그리고 앞으로의 계획을 알려 달라고.

나만의 방식으로 세상을 향해 목소리를 내 보세요. 나만의 방식으로 메시지를 보여 주세요. 그것이 곧 나의 스타일이 되고, 나만이 가질 수 있는 단 하나의 빛이 될 수 있습니다.

지금 자기 안의 목소리가 들리나요?

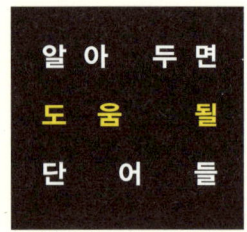
알아두면 도움될 단어들

1장
어제도 쇼핑, 오늘도 쇼핑, 내일도...?

SNS(소셜네트워크서비스)

관심사가 같은 사람들이 온라인 공간에 모여 서로 정보를 주고받을 수 있는 서비스. 스마트폰이 널리 퍼지면서 SNS를 좀 더 쉽게 사용할 수 있게 되었다. 카카오톡이나 유튜브 계정 등을 통해 서로 이웃을 맺어 사진이나 이야기를 나누는 활동은 점점 일상이 되어 가고 있지만, 개인 정보가 함부로 새어 나가거나 다양한 마케팅과 광고, 유해 영상을 접할 수 있다는 문제점이 있기에 주의해야 한다.

자본주의

회사가 상품을 만들어 팔고 그것을 소비자가 사면서 사회에 돈이 계속 흐르게 만드는 경제 체제를 말한다. 우리나라와 미국, 서유럽을 비롯한 많은 나라가 자본주의 체제에서 경제생활을 하고 있다.

도파민

우리 뇌 속의 신경 세포에 흥분을 전달시키는 신경전달물질 중 하나이다. 도파민은 운동이나 취미에 열중하게 하는 일시적인 중독을 일으켜 삶의 활력을 줄 수 있지만, 이러한 감각을 자극적인 즐거움만을 찾는 데에 쓰거나 참고 절제하는 의지력이 부족하게 되면 삶의 균형이 무너지고 중독의 늪에 빠지기 쉽다.

패스트 패션(SPA)

SPA(Specialty store retailer of Private label Apparel)라고도 불리는 패스트 패션은 옷의 기획부터 생산, 유통, 판매까지 회사가 직접 관리하는 것을 말한다. 이러한 시스템 덕분에 옷이 만들어지고 팔리는 데 걸리는 시간이 최대한 줄어들어 저렴한 가격대에 최신 유행을 반영한 물건을 빠르게 선보일 수 있다.

동의보감

'동의보감'은 우리나라 선조의 지혜를 엿볼 수 있는 훌륭한 의학책이며, 아이의 질병은 '동의보감 잡병편 소아' 부분에 따로 빼서 매우 자세히 다루고 있다. 아이의 질병에만 관심을 둔 것이 아니라 성장, 육아, 건강 관리법에도 많은 내용을 담고 있다.

2장
패스트 패션, 너 딱 걸렸어!

GMO(유전자변형생물)

유전자를 재조합해 다른 유전자를 포함하게 된 생물체를 말한다. 생명체의 암호인 유전자를 인간이 바꾸는 것을 뜻하며 유전자의 순서를 바꾸거나 넣고 빼서 원래 생물의 단점을 없애고 사람에게 도움을 주는 생물로 바꾸는 것이다. 유전자 조작으로 얻어 낸 농작물은 우리의 먹을거리로 많이 만들어지고 있다. 하지만 유전자 조작 생물에 보이지 않는 위험이 담겨 있다고 걱정하는 사람도 많다. 아직 인간이 모르는 것이 많은 분야이기 때문이다. 또한 생태계 질서에도 영향을 끼쳐 정상적인 먹이사슬이 작동하지 않을 수 있다는 우려도 있다. 이처럼 유전자 변형 생물은 인간이 좀 더 확실하게 이해하고 부작용을 줄이는 연구가 계속되어야 할 분야다.

유기농법

유기농법은 농사를 지을 때 화학 비료나 농약을 쓰지 않고 천적이나 소똥 등을 이용해 농사하는 방법을 말한다. 화학 비료나 농약은 토양이 오염되고 생명에게 악영향을 끼치지만, 유기농법은 안전하고 건강에 좋은 식품을 만들 수 있다. 성공을 거둔 유기농법으로는 지렁이 농법, 우렁이 농법, 오리 농법 등이 있다.

생물 다양성

세계자연보호재단은 생물 다양성을 '수백만여 종의 동식물, 미생물, 그들이 담고 있는 유전자, 그리고 그들의 환경을 구성하는 복잡하고 다양한 생태계 등 지구상에 살아 있는 모든 생명의 풍요로움'이라고 정의했다. 즉, 생물다양성이란, 지구상에 존재하는 생명 전체를 뜻한다. 하지만, 생물학자들은 지금 수준의 환경 파괴가 계속된다면 2030년쯤에는 살아 있는 동식물의 2퍼센트가 사라지거나 멸종 위기에 처할 것이라고 예상한다. 그리고 이번 세기의 말에 이르면 절반이 사라질 것이라고 경고한다.

제인 구달
영국의 동물학자이자 환경 운동가이다. 또한 탄자니아에서 40년이 넘는 기간을 침팬지와 함께한 세계적인 침팬지 연구가이다. 1986년 이후 탄자니아를 떠나 세계 각지를 돌며 강연회를 열고 환경 보호에 관해 강의하고 있다.

동물권
동물도 생명권을 지니며 고통을 피하고 학대당하지 않을 권리를 지니고 있다는 견해이다. 동물이 돈의 가치로써, 음식으로써, 옷의 재료로써, 실험 도구로써, 오락 수단으로써 쓰여서는 안 되며, 동시에 인간처럼 지구상에 존재하는 하나의 개체로 받아들여져야 한다는 것이 공통적인 견해이다. 동물권은 1970년대 후반 철학자 '피터 싱어'가 주장한 개념으로, 1973년 『동물 해방』이라는 책에서 "모든 생명은 소중하며, 인간 이외의 동물도 고통과 즐거움을 느낄 수 있는 생명체"라고 설명했다. 또한, 독일은 2002년 "국가는 미래 세대의 관점에서 생명의 자연적 기반과 동물을 보호할 책임을 진다."는 내용을 세계 최초로 헌법에 명시해 동물권을 보장했다.

비건 패션
모피나 가죽, 실크, 울 따위의 동물성 소재를 사용하지 않고 식물성 소재를 사용하는 패션. 인조 모피, 인조 가죽, 면, 마 따위의 소재를 사용하며 친환경이나 동물 보호 등 윤리적 소비와 실천을 지향한다.

블랙프라이데이
미국의 추수감사절 다음에 돌아오는 11월의 마지막 금요일. 1년 중 가장 큰 폭의 할인 기간이 시작되는 날로, 이날은 미국 소매업 연간 매출의 20퍼센트가 팔릴 정도로 쇼핑의 절정기를 이룬다. 이 기간에는 크리스마스와 연말연시를 앞둔 쇼핑이 시작되면서 많은 소비자가 상점을 찾아들고 상점들은 이날을 기해 대대적인 할인 판매 행사를 시작한다.

라나플라자 사건
라나플라자 붕괴 사고는 2013년 4월 24일 방글라데시의 사바르라는 지역에 9층으로 된 상업용 건물 '라나플라자'가 무너지면서 많은 사상자를 낸 사고이다. 이 사고로 1,129명이 사망하고 2,500명이 부상당한 것으로 알려졌다. 사고 전, 이 건물은 이미 흔들림이 보고되었으나 공장 감독관이 작업을 계속 시켰으며, 대부분의 공장이 글로벌 의류 회사의 하청 업체인 것으로 밝혀져 큰 논란을 일으켰다.

비정규직 노동자

정해진 기간 동안만 일을 하는 노동자. 일하는 방식이나 조건 등이 정규직과 달리 노동법의 보장을 받지 못한다. 2007년부터 비정규직 노동자의 권익을 보호하기 위한 비정규직 보호법이 시행되었다.

노동권을 위한 운동 그리고 전태일 열사

18세기 면직기가 발명되면서 면을 많이 만들어 낼 수 있게 되자 많은 양의 옷을 생산하기 위해 젊은 여성들이 도시로 몰려들었다. 하지만 그들은 매우 낮은 임금으로 열악한 환경 속에서 일해야 했다. 1908년 3월 8일, 미국 뉴욕의 봉제 공장 여성 노동자들은 더는 참지 않고 거리로 나와 '노동조합을 결성할 자유, 미성년자의 노동 금지, 선거에 참여할 권리'를 주장하며 시위를 벌였다. 이날의 시위는 역사적으로도 의미가 깊었으며, 이후에 3월 8일을 '세계 여성의 날'로 정했다.

우리나라는 1970년 봉제 공장에서 일하던 재단사 '전태일 열사 이야기'가 당시 의류 노동자의 힘겨운 노동 환경을 대변한다. 전태일 열사는 당시 봉제 공장의 열악한 노동 현실을 온 세상에 알리고, 노동 환경을 개선하고 노동자의 인권을 개혁해 달라고 요구하며 스스로 목숨을 끊었다. 안타까운 그의 희생으로 노동자의 열악한 노동 환경이 사회 문제로 떠올랐고, 이어서 노동 운동과 민주화 운동, 학생 운동에도 영향을 끼쳤다. 지금까지도 전태일 열사는 한국 노동 운동의 상징적인 인물이다.

플라스틱

최초의 플라스틱은 당구공의 새로운 재료로써 만들어졌다. 이 물질은 열을 가하면 어떤 모양으로도 만들 수 있었고 열이 식으면 상아처럼 단단하고 탄력 있는 물질이 됐다. 그 뒤로 비닐봉지, 음료수병, 전선용 피복 재료를 만드는 폴리에틸렌이 개발되고, 스타킹과 낙하산, 텐트, 군복 등에 활용된 나일론이 만들어졌다. 20세기 후반이 되면서 플라스틱의 개발 속도는 점점 빨라졌다. 전기가 통하는 플라스틱이 개발되고, 생체 재료로 의학 분야까지 확장되었다. 그러나 현재의 플라스틱은 심각한 환경 문제의 주범이 되었다. 버려진 플라스틱은 분해되기까지 몇 백 년이 걸리기 때문이다.

미세플라스틱

머리카락 굵기보다 작은 크기의 플라스틱. 처음부터 작은 크기로 만들어지는 플라스틱과, 페트병이나 비닐봉지 등이 시간이 지나며 잘게 부서져 만들어지는 경우가 있다. 보통 생선이나 조개류, 수돗물, 생수, 맥주, 소금 등에서 발견된다. 세계자연기금(WWF)은 매주 한 사람이 평균적으로 2,000여 개의 미세플라스틱을 먹고 있다고 밝혔다. 이것은 5g 정도의 무게로 신용카드 한 장이나 볼펜 한 자루 정도이다. 한 달이면 칫솔 한 개, 1년이면 250g 넘게 먹고 있다는 이야기다.

기후 변화

지구는 태양으로부터 받은 태양열을 적절히 우주로 내보내서 지구의 온도가 생명이 살기 적절한 정도로 유지해 오고 있었다. 하지만, 사람들이 화석 연료를 무분별하게 태우면서 대기의 이산화탄소 농도는 너무 높아졌다. 이 때문에 태양열이 우주로 빠져나가지 못하고 오히려 땅 위에 갇히게 되었다. 그 때문에 지구는 점점 따뜻해지고, 기후가 변하면서 화재와 기근, 산불과 극지방의 온난화 등 생각하지 못한 이상 현상을 겪게 되었다.

3장
우리의 선택, 슬로 패션

슬로 패션

패스트 패션의 반대 개념으로, 친환경적인 소재와 염색 방법 등을 이용해 환경과 인체에 미치는 악영향을 최소한으로 하는 패션을 말한다. 트렌드를 쫓아가지 않고 오랜 기간 입을 수 있는 옷이 여기에 해당한다. 슬로 패션을 지향하는 회사는 유기농 및 재활용 소재로 옷을 만들고, 공정 거래를 통해 저임금 노동자에게 정당한 수익이 돌아갈 수 있게 한다.

탄소 발자국

인간이 지구 환경에 남기는 탄소 발자국은 일상생활에서 하는 모든 행동과 습관에서 내보내는 이산화탄소 배출량을 뜻한다. 텔레비전이나 불을 켤 때 사용하는 전기, 목욕하거나 요리할 때 사용하는 가스, 자동차를 타는 행동이 모두 탄소 발자국을 남기는 행동이다. 인간의 편리한 삶을 위해 남긴 탄소 발자국은 결국 지구 환경을 바꿔 놨고 지금 우리의 생존을 위협하는 부메랑이 되어 돌아왔다. 나의 생활 속에서 생겨나는 탄소 발자국을 계산해 주는 사이트는 아래와 같다.
기후환경네트워크 www.kcen.kr/tanso/intro.green

환경 비용
기업의 제품을 생산하거나 편리한 서비스를 받는 과정에서 환경에 영향을 끼치는 부분을 고려해 측정하는 비용. 예를 들면, 폐기물 처리 비용이나 오염 예방 비용, 지구 온난화와 생태계 파괴 등 넓은 의미의 환경 문제와 관련된 비용도 포함한다.

지속 가능한
지속 가능하다는 것은 어떤 작업이 장기적으로 자연을 훼손시키거나 천연자원을 고갈시키지 않고 지속될 수 있는 것을 뜻한다. 파도와 바람으로부터 전기를 만드는 것은 지속 가능하지만, 발전소에서 언젠가는 사라질 석탄을 태워 전기를 얻는 것은 지속 가능하지 않다.

공정무역
선진국이 누리는 풍요로운 생활 뒤에는 저임금국가 사람들의 가난과 고통이 뒷침되고 있다는 사실을 깨닫고, 이 같은 문제를 고치려고 공정무역 운동이 생겨났다. 이 운동은 1950년, 영국의 국제 구호단체인 '옥스팜'에서 중국 난민들이 만든 수공예품을 팔면서 시작되었다.

파리 기후 변화 협약
파리 기후 변화 협약은 2015년 12월에 195개 국가가 파리에 모여 지구 온난화를 막기 위해 각 나라의 이산화탄소 배출량을 정하자고 약속한 국제 협약이다. 그전에는 2020년까지 적용된 교토의정서가 있었으며, 그 내용을 수정, 보완한 내용을 담고 있다. 파리 기후 변화 협약에서는 지구 평균온도를 산업화 이전과 비교해 1.5도를 넘지 않겠다고 했다. 또한 2020년부터 개발도상국의 기후 변화 대처 사업에 매년 최소 1,000억 달러를 지원하기로 했으며, 2023년부터는 5년마다 탄소 감축 상황을 보고해야 한다. 우리나라는 2030년까지 배출될 이산화탄소 예상치보다 37퍼센트를 더 줄여야 한다.

IPCC(기후 변화에 관한 정부 간 협의체)
전 세계 과학자들과 각 분야 전문가들을 모아 기후 변화가 인류에게 끼치는 위협에 대해 분석하고 기후 변화에 대해 국제적 약속이 어떻게 이루어지고 있는지 과학적으로 평가해 보고하는 유엔 기구이다.

COP(유엔기후변화협약당사국총회) 회의
COP는 지구 온난화 방지를 위해 '기후 변화 협약'에 가입한 나라들이 매년 모여 약 2주 동안 진행하는 최대 규모의 국제 공식 환경 회의이다.

지방 정부
중앙 정부가 나라 전체의 살림을 맡아 하는 정부라면, 지방 정부는 한 지역의 살림을 맡아 하는 정부를 말한다. 특별시, 광역시, 도, 시, 군 등과 같은 지역에서 행정 업무를 맡아 처리한다. 중앙 정부와 지방 정부는 서로 협력하여 모든 지역이 골고루 공정하게 발전할 수 있게 노력해야 한다.

비영리단체
비영리단체는 사회 전체의 이익, 또는 공동의 이익을 갖는 단체로, 영리를 목적으로 하지 않는 대신에 돈으로 어떠한 목적을 달성하는 단체이다. 흔히 자선단체나 구호단체, 시민단체, 공공 예술단체, 봉사 모임 등이 있다.

참고 자료

사이트

- 공정무역 패션 브랜드 그루
  https://fairtradegru.com
- 그린피스
  https://www.greenpeace.org
- 기후변화행동연구소
  http://climateaction.re.kr/landing
- 녹색연합
  http://www.greenkorea.org
- 비건 패션 브랜드 낫아워스
  https://thenotours.com
- 생명다양성재단
  http://diversityinlife.org
- 패션 브랜드 스텔라 맥카트니
  https://www.stellamccartney.com/kr
- 패션레볼루션
  https://www.fashionrevolution.org
- 패션 브랜드 프라이탁
  https://www.freitag.ch/en
- 한국기후환경네트워크
  https://www.kcen.kr

기사

- 뉴스톱, 2019.06.13. 천연섬유는 정말 합성섬유보다 환경과 건강에 좋을까
- 서울신문, 2020.02.06. '차라리 벌거벗겠다' 反모피 캠페인 30년 만에 중단하는 PETA
- 오마이뉴스, 2015.04.14. '친환경 작물'로 알려진 면, 알고 보면 '무서운 쓰레기'
- 오마이뉴스, 2019.10.30 '어제 산 내 옷이 지구를 파괴한다고요?' 파타고니아 한국의 김광현 차장
- 얼루어, 2020.04.09. 친환경이 아니라니!
- 연합뉴스, 2017.09.09. 옷 한벌 만드는 데 고작 1주일...환경 파괴 부른다
- 한겨레, 2014.08. 기획기사: 총, 특권, 거짓말:글로벌 패션의 속살
- 환경일보, 2020.05.04. 생물다양성은 우리의 지속가능한 미래
- MBN뉴스, 2016.03.24. '패스트패션'이 당신에게 숨기고 있는 비밀 3가지

도서 및 문서

- 『나는 왜 패스트 패션에 열광했는가』, 엘리자베스 L. 클라인, 세종서적, 2013
- 『뉴필로소퍼(NewPhilosopher) vol.11 – 지구가 1.5℃ 더 더워지기 전에』, 바다출판사, 2020
- 『리스판서블 컴퍼니 파타고니아』, 이본쉬나드, 빈센트 스탠리, 틔움, 2015
- 「Style that's sustainable: A new fast-fashion formula」, 맥킨지앤드컴퍼니 보고서, 2016
- 『생물다양성은 우리의 생명』, 유네스코한국위원회 기획, 최재천 외, 궁리출판, 2011
- 『쇼퍼홀릭 누누칼러, 오늘부터 쇼핑 금지』, 누누칼러, 이덴슬리벨, 2014
- 『To Die For: Is Fashion Wearing Out the World?』, Lucy Siegle, 2011

영상

- 다큐멘터리, 〈더트루코스트(The True Cost)〉, 2015
- 다큐멘터리, EBS 하나뿐인 지구, 〈패스트패션이 말해 주지 않는 것들〉, 2014
- 유튜브 파타고니아코리아
- 유튜브 TED-Ed : 〈The life cycle of a t-shirt〉, 2017
- 스탠드업 코미디쇼 하산 미나즈쇼: 이런 앵글 다섯 번째 에피소드, '패스트 패션의 진실', 2020

지구인을 위한 패스트 패션 보고서

1판 1쇄 발행 2021년 8월 10일
1판 6쇄 발행 2024년 6월 10일

글 민마루
그림 정유진(유유)
발행인 손기주

펴낸곳 썬더버드
등록 2014년 9월 26일 제 2014-000010호
주소 경기도 의왕시 정우길47. 2층   **전화** 02 6368 2807   **팩스** 02 6442 2807

ⓒ 썬더버드 2021 Printed in korea

이 책은 저작권법에 따라 보호를 받는 저작물이므로 무단 전재와 복제를 금지하며,
이 책의 내용 전부 또는 일부를 이용하려면 반드시 저작권자와 썬더키즈의 서면 동의를 받아야 합니다.

ISBN 979-11-90869-12-6 (73590)

값은 뒤표지에 있습니다. 잘못된 책은 구입하신 곳에서 바꾸어 드립니다.
썬더키즈는 썬더버드의 아동서 출판브랜드입니다.

해외 저작권자 확인 불가로 부득이하게 허락을 받지 못하고 사용한 사진에 대해서는
추후 저작권이 확인되는 대로 정식 동의 절차를 밟도록 하겠습니다.

KC 어린이제품 안전특별법에 의한 제품 표시사항
제조자명: 썬더버드 | 제조국명: 대한민국
제조년월: 2024년 6월 10일 | 사용연령: 10세 이상